hic scs eustachi obtinuit bellu

Brunner · Daim

RITTER KNAPPEN EDELFRAUEN

Frau Hawlik-van de Vater

mit herzlichen

Grüßen

Karl Brunner · Falko Daim

Ritter Knappen Edelfrauen

Ideologie und Realität des Rittertums im Mittelalter

1981
HERMANN BÖHLAUS NACHF. WIEN · KÖLN · GRAZ

ISBN 3-205-07164-6

Gesamtherstellung: Druckerei St. Gabriel, 2340 Mödling

Inhalt

Was ein rechter Ritter ist

Domine sancte, pater omnipotens, eterne Deus, qui cuncta solus ordinas et recte disponis, qui ad cohercendum malitiam reproborum et tuendum iustitiam usum gladii in terram hominibus tua salubri dispositione permisisti, et militarem ordinem ad populi protectionem institui voluisti . . .

[Heiliger Herr, allmächtiger Vater, ewiger Gott! Alles bestimmst Du allein und ordnest es richtig. Um die Schlechtigkeit der Verworfenen zu züchtigen und die Gerechtigkeit zu schützen, hast Du den Gebrauch des Schwertes in heilbringender Anordnung auf Erden gestattet und den Kriegerorden zum Schutz des Volkes einrichten lassen . . .

Beginn eines Gebetes bei der Ritterweihe, zitiert nach Fasoli, Rittertum 207.]

Wer wüßte nicht, was ein Ritter ist: Ein Reiter — daher kommt sein Name, *rîtare* —, der in schwerer Rüstung mit Schwert und Lanze kämpft und auf einer Burg zu Hause ist. Ihr Leben war voller Heldentaten, glaubt man den Sagen, die man über die Ritter erzählt.

Was aber war der Grund, daß dieser Typ eines mittelalterlichen Kriegers so nachhaltig die europäische Geschichte beeinflußte? Heute noch sind Begriffe aus jener Zeit in unserer Sprache lebendig: ritterlich, höflich z. B. Nicht jeder, der auf einem Pferd kämpft, ist deswegen auch ein Ritter. Niemand denkt daran, die Reiterscharen der Steppenvölker, wie der Hunnen, Awaren, Ungarn und Mongolen, als Ritter zu bezeichnen, obwohl deren Reitkunst heute noch sprichwörtlich ist, ihre Reiter eine stolze Oberschicht bildeten. Und Sagen erzählte man sich über ihre Helden auch. Selbst die berittenen Soldaten des Römerheeres würde niemand als Ritter bezeichnen, obwohl sie eine Rüstung trugen. Eine Gruppe der römischen Oberschicht trug sogar den Namen „Ritter“: *Equites* hießen die Vornehmen, deren Rang gleich den Senatoren folgte.

Die Geschichte hat verschiedene äußere Kennzeichen des Rittertums längst gekannt. Die Anfänge der Reiterei verlieren sich im Dunkel der Vorgeschichte und in den Steppen Asiens. Reitpferde zu besitzen, war immer schon teuer. Sie fraßen viel, aber vor den Pflug spannte der Bauer lieber ein Rind, ehe man spezielle Ackerpferde züchten konnte. Immer schon hielt man den, der sich auf einem Pferd halten konnte, für etwas Besseres. Als man herausfand, daß eine Lederschlaufe für den Fuß — der Ursprung des Steigbügels — und ein Sattel den Halt auf dem Tier so verbesserten, daß man die Hände für Waffen frei bekam, wurden Angst und Schnelligkeit zur Waffe.

Dennoch hat ein japanischer Samurai, der meist zu Fuß kämpfte, mehr mit einem Ritter gemeinsam als ein awarischer Reiter oder ein Mitglied der römischen Kavallerie. Was also ist das Besondere an den Rittern? Könige gab es vor ihnen, und Adelige, Bauern und Sklaven, Freie und Unfreie kennt man längst, ehe es Ritter gab. Sogar der Vorrang oder die Arroganz der Kämpfer zu Pferd war nichts Neues.

◀ 1. Panzerreiter. Krug 1 aus dem Goldschatz von Nagyszentmiklós (Sînicolaul Mare, Rumänien). Um 800.

2. Fränkischer Adeliger, Stifter der Kirche St. Benedikt in Mals, Südtirol. Das Schwert ist dabei das Symbol der Rechtsfähigkeit. 9. Jh. ▶

Auch die Steppenvölker brauchten ihre Bauern, die den Hafer für die Pferde und das Korn für die Herren anbauten. Sie brauchten die Städte, um sie mit Steuern zu belegen.

Um es kurz zu sagen: Das Neue war die Kombination von ADEL UND DIENST. Nicht alle in der mittelalterlichen Gesellschaft konnten Ritter werden. Es gab Menschen, die geringeren Ranges waren, es gab aber auch Personen, die über ihnen standen. Jeder Ritter hatte einen Herren. Er arbeitete nicht für ihn und war ihm keine Abgaben schuldig. Eigentlich schuldete er ihm nur Treue. Auch der Herr war in diesem Treueverhältnis gebunden. Der Treue gibt Rat. Er hat das Recht, um Rat gefragt zu werden. Guter Rat fordert aber auch Hilfe, das Beschlossene durchzusetzen. Rat und Hilfe, *consilium et auxilium*, sollten das Produkt der Treue, *fides*, sein. Unter dieser Voraussetzung war es möglich, zu dienen, ohne das Ansehen, die Freiheit zu verlieren. Dienst in Freiheit, das ist Rittertum.

Könige, Fürsten und Große brauchten ein Gefolge; Menschen, die helfen konnten, ihre politischen Ziele durchzusetzen. Sie hatten sich den Herren ursprünglich freiwillig angeschlossen. Sie waren ihnen nützlich, weil sie zu kämpfen verstanden und wußten, wie man herrschte. Der Herr verpflichtete sie mit Geschenken, verschaffte ihnen die bestmögliche Ausrüstung und führte sie zu großer Beute. Die wichtigste Belohnung für die Gefolgsleute bestand in Land. Das Land wurde von Bauern und Knechten bestellt. Diese waren unfrei, konnten ihre Herren nicht wechseln und waren an die Scholle gebunden. Sie hatten Abgaben zu entrichten und ihre Arbeitskraft zur Verfügung zu stellen. Ein freier Mann zahlte keine Steuern. Er leistete den Dienst, der eines Freien würdig war: Herresdienst und Herrschaft im Namen des Herren. Für beides brauchte er eine spezielle Ausbildung. Je schwieriger die Waffen zu handhaben waren, desto wesentlicher wurde regelmäßiges Training.

So begann die ENTWICKLUNG DES RITTERTUMS. Seit dem Ende der Antike stiegen immer wieder neue Völker und Gefolgschaftsgruppen zu Macht und Herrschaft auf. Als aber im siebenten und achten Jahrhundert die späteren Karolinger Leute um sich scharten, um die alten Frankenkönige, die Merowinger, zu stürzen, haben sie die Ausrüstung, die Kampftechnik und die Organisationsstruktur ihrer Gefolgschaft so verändert, daß den karolingischen Reitern viele Generationen lang kein Heer gewachsen war. Das Reich wuchs und wuchs, sodaß immer wieder frische Kräfte erforderlich waren. Man brauchte sie nicht nur zum Kampf, sondern auch, um das erworbene Land zu verwalten. Eine ungeheure Zahl von Personen, alle einer Herrscherfamilie verpflichtet, verteilte sich auf die Schlüsselpositionen eines Reiches, dessen Macht keine Grenzen zu kennen schien. Allerdings konnte sich nicht mehr jeder Franke (das Wort heißt Freier) das leisten. Der Kriegsdienst entzog den Mann völlig dem Produktionsprozeß, und das oft in der besten Jahreszeit. Man konnte sich nicht mehr darauf verlassen, daß die (Kampf-)„Saison" nach dem Frühjahrsanbau begann und vor der Ernte zu Ende war oder nur den Herbst ausfüllte. Ein Nebenerwerbskrieger war nicht da, wenn es Beute gab, einem Nebenerwerbsbauern verkam der Hof. Zudem war im Laufe des achten

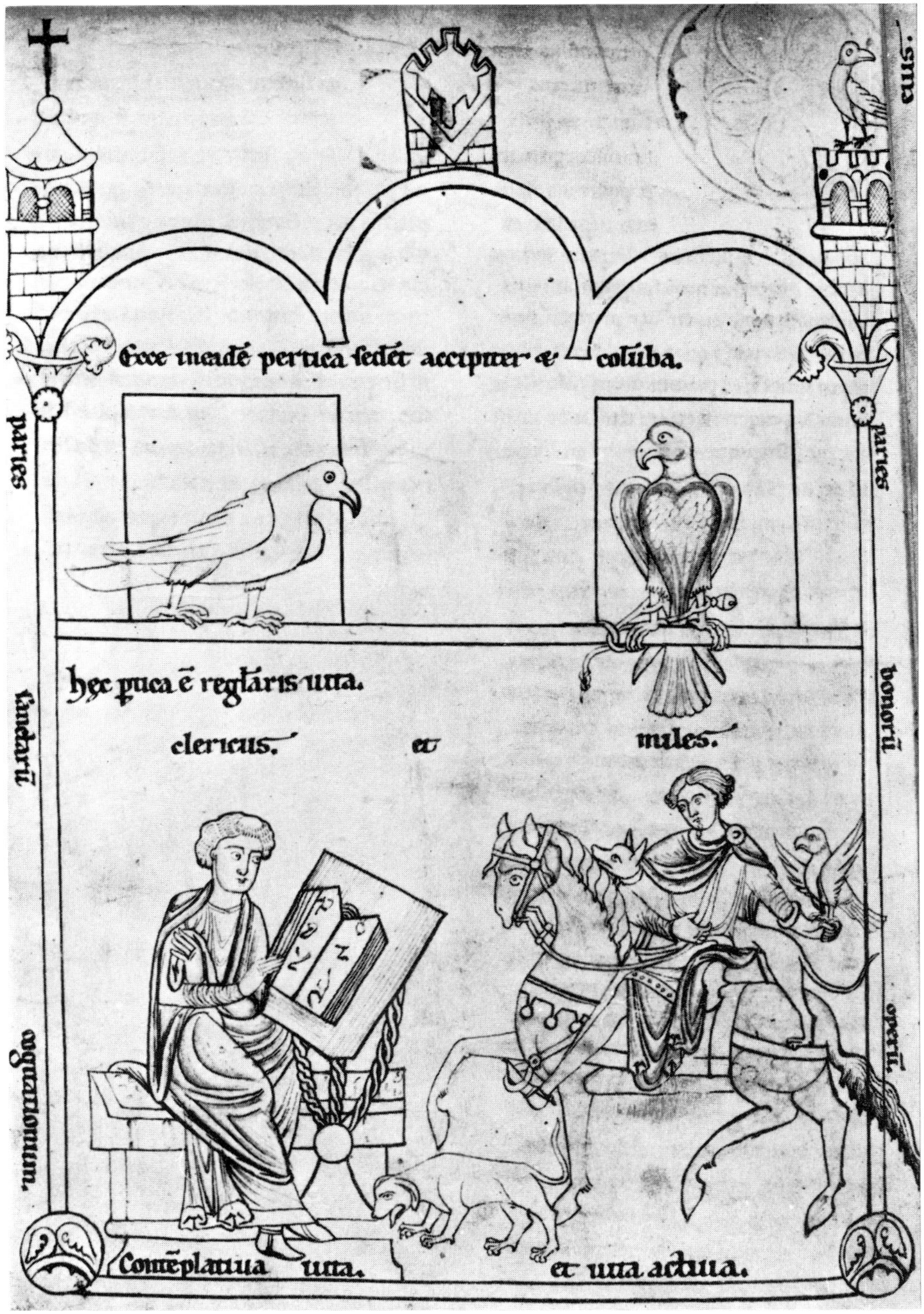

3. Das Mittelalter sah den Ritter als Gegenpol zum Kleriker. Die Abbildung zeigt einen lesenden *clericus,* der ein „beschauliches Leben" führt und der mit einer Taube (oben) verglichen werden kann. Der Ritter, der mit seinem Hund und seinem Falken zur Jagd reitet, führt ein „aktives Leben". Dementsprechend ist oben der Taube ein Jagdfalke gegenübergestellt. Aus einer Sammelhandschrift, die hauptsächlich Schriften und Briefe des Bernhard von Clairvaux enthält. Anfang 13. Jh. ▸

Jahrhunderts die Rüstung viel zu teuer geworden: Zwei oder drei freie Franken mußten schließlich zusammenlegen, wenn sie einen Krieger ausrüsten wollten. Da hatten es jene leichter, die sich in den Dienst eines Herrn begaben: Der Herr bezahlte die Rüstung und bestimmte die Richtung der Politik.

Als der Stand des Ritters entstand, bildete sich auch der Beruf des BAUERN heraus: Nicht, wie bisher, ein Landarbeiter, der im besten Fall auch ein Fleckchen eigenes Land bewirtschaftete, sondern ein Mann, der sich zwar nach außen hin einer (oft zweifelhaften) Freiheit begeben hatte, zwischen Schwert und Pflug, Pferd und Ochse, Hof und Dorf zu wechseln, der aber auf seiner Hufe für Zins selbständig wirtschaftete.

Ein Ritter hatte zu kämpfen. Er hatte dafür zu trainieren. Er hatte sich unter seinesgleichen durchzusetzen. Er hatte aber auch für Familie und Lebensabend zu sorgen, d. h. er mußte Besitz erwerben. Den erhielt er vom Herrn zur Leihe. Das geliehene Land, das LEHEN (*feudum*, daher Lehens- oder Feudalwesen), verpflichtete umso mehr zur Treue. War ihm viel gegeben worden, mußte er unter Umständen selbst mit einer Mannschaft seinem Herrn Gefolgschaft leisten. Die Gefolgsleute der Karolinger wurden Fürsten in ganz Europa.

Ein Ritter hatte aber auch sonst den Willen des Herren durchzusetzen. Die Friedenssicherung erstreckte sich nicht nur auf den äußeren Feind. Jedes Verbrechen störte den inneren Frieden: Im Auftrag des Herren oder, in seinem Lehensbereich, selbst als Herr, hatte der Ritter für Recht und Ordnung zu sorgen, so gut er es verstand.

Der Wille des Herren erstreckte sich aber nicht bloß auf Krieg und Gefahr. Politik ist der Versuch, Macht ohne offenen Kampf auszuüben. Zu beidem aber braucht man Geld. Wer die bessere Verwaltung hat, verfügt auch über mehr Machtmittel. An all dem hat der Gefolgsmann Anteil, all das übt er in kleinerem Maßstab selber aus. Es gab natürlich schon zur Zeit der Karolinger Spezialisten der Verwaltung, sehr oft Leute geistlichen Standes. Aber dieser Stand rekrutierte sich ja auch aus den Söhnen der Adeligen. Vor allem aber brauchten alle Funktionsträger die Unterstützung der Ritter, um ihre Maßnahmen durchzusetzen. So kam der Ritter nicht nur in Ausübung der Herrschaft in dem ihm zugeteilten Gut, sondern auch durch die Unterstützung der Herrschaft seines Herrn mit zivilen Aufgaben in Berührung. Eine Gewaltenteilung war schon seit der Spätantike illusorisch geworden. Es entwickelte sich ein Stand, dessen ökonomische Grundlage ein Dienstgut und ein Anteil an der Verwaltung seines Herrn war und dessen soziale Position sich nicht nur durch die kriegerische Funktion, sondern auch durch den Anteil an der Herrschaft festigte.

Das Leben des Kriegers besteht aus einem langen, zermürbenden Alltag und einer kurzen, gefahrvollen Euphorie. Sein Ruf beruht auf Berichten von vergangenen Heldentaten. Sein Rang hängt von der Sache ab, für die er kämpft, und von der Person, die ihn einsetzt. Am günstigsten ist es, wenn diese Person der König ist. Im KÖNIGSDIENST eröffnet sich am schnellsten der Weg zu sozialem Aufstieg. Auch der etablierte Adel muß, wenn er vom König etwas will, auf seine Umgebung Rück-

4. Links: Der gewappnete Lehensmann dient bei eigener Verpflegung. Rechts: Der Mann genießt den Reichsfrieden sechs Wochen vor und sechs Wochen nach der Heerfahrt. Eike von Repgow, Sachsenspiegel. Um 1330. ▶

▼ 5. Schwertleihe. Wolfram von Eschenbach, Willehalm. Um 1320.

sicht nehmen, denn ohne die kommt er gar nicht an ihn heran. Der König wiederum fördert seine Leute, denen er befehlen kann, um ein Gegengewicht dem Adel gegenüber zu haben, den er ständig bitten muß.

Mit den Karolingern ist in Europa eine neue Schicht aufgestiegen, deren Selbstverständnis und Lebensweise das Mittelalter wesentlich prägen sollte. Die Nachfolger der karolingischen Herrscher, die Könige aus kapetingischem Haus in Frankreich und die Könige und Kaiser im Römischen Reich der deutschen Nationen brachten wieder ihre Gefolgschaft mit. Die Staufer machten aus ihren Dienstleuten eine neue Ritterschaft des Reiches.

So paradox es klingen mag: Das Vorrecht des Kriegers hob einerseits den Ritter selbst aus dem Adel heraus, andererseits machte die strenge Ausrichtung auf eine bestimmte gesellschaftliche Funktion aber auch möglich, daß sich immer neue Schichten das Rittertum zu eigen machten. Das mittelalterliche Rittertum in seiner Blüte kennzeichnet also eine gewisse soziale Durchlässigkeit, wenigstens in den gehobenen Schichten.

Der DIENST AN DER KIRCHE war nach dem Dienst am König am meisten ehrenhaft. Die großen Bistümer und Klöster waren eng an den König gebunden, sodaß auch ein Wechsel im Dienstbereich möglich war. Noch wichtiger aber war, daß man außer dem heiligen Patron der Kirche, dessen Stellvertreter der jeweilige Amtsinhaber ja nur war, keinen anderen Herrn hatte. Das war fast so, als hätte man direkte Beziehungen zum höchsten Herren, zu Gott.

Dann kamen die Fürsten der Länder und Stämme. Sie walteten in ihren Reichen königsgleich. Ihre Ritter hatten also kaum einen Nachteil gegenüber jenen des Königs. Oft waren die Fürsten reicher als der König, meist war ihr Dienst friedlicher. Daß das eine Gefahr für die Könige darstellte, leuchtet ein, wenn man bedenkt, daß eines Tages die wenigen Fürsten allein als direkte Gefolgsleute dem Herrscher unterstanden, während alle anderen Adeligen jeweils einem Fürsten zugeordnet waren. Das wäre das Ende jeder königlichen Machtausübung gewesen. So versuchten die Könige, unmittelbaren Einfluß auf die Ritterschaft zu erhalten: Seit dem 12. Jahrhundert war wenigstens die Erhebung in den Ritterstand ausschließlich Recht des Königs.

Doch Ritter gab es nicht nur an Königs- und Fürstenhöfen, nicht nur unter Bischöfen und Äbten. Auch der kleinste Adelige brauchte halbwegs gerüstete Knechte. Das System der Abhängigkeiten im Lehenswesen war vielfältig. Schließlich bürgerte sich allmählich ein, die unterste Grenze dort zu sehen, wo einer keine weiteren rittermäßigen Gefolgsleute hatte: Wer nur mit einem einzigen Schild, nämlich seinem eigenen, zu Felde zog, gehörte der untersten Stufe des Adels an. Von ihm konnte man sonst nichts sagen, als daß er — ein Ritter sei.

Damit ist aber nur ein Teil des ritterlichen Wesens beschrieben. Ein Ritter kämpft und herrscht. In erster Linie wirkt er für seinen Herren. Sein oberster Lehensherr, der Herr aller Könige, aber ist Gott. So richtig ungehemmt zu wüten, ist unter Christenmenschen nicht möglich. Wie oft aber kann man sich Heiden zu Gegnern suchen?

Schon die allgemeine Verhaltenspsychologie zeichnet die Muster vor: Die einzelnen Gruppen der Oberschicht wachsen in einem Reich zusammen, werden zu einem Rudel. Ein Tier kämpft nur aus zwei Gründen: zur Sicherung der Nahrung und zur Erhaltung des Status im Rudel. Nur im Nahrungskampf stirbt der Gegner. Bei allen Auseinandersetzungen um den Status endet der Kampf, wenn das Ziel, die Abstufungen der Macht festzustellen, erreicht ist. Die europäischen Ritter, die sich seit der Karolingerzeit mehr oder weniger als Einheit empfanden, hatten wenig Bedürfnis, einander umzubringen.

Das wiederum entsprach auch den Intentionen des Christentums. Doch konnte man aus dieser Religion keine Legitimation von Geblütsadel und der daraus resultierenden Vorrechte ableiten. Hingegen konnte es sehr wohl mehr oder weniger bedeutende Streiter um die Ziele des göttlichen Herren und seines Reiches geben, wenn auch grundsätzlich jeder ein MILES CHRISTI war. Mit anderen Worten: Konnte das Christentum schon nicht den Menschen das Kämpfen überhaupt abgewöhnen, so sollte es wenigstens mit menschlichen Mitteln um gerechte Ziele gehen. Konnte die Kirche (solange sie es wollte) die Unterschiede der Stände nicht aufheben, so versuchte sie wenigstens, der Oberschicht eine besondere Verantwortung für die Gesamtgesellschaft zuzumessen.

Gemeinsamkeit der Funktion, des Könnens, des Verhaltens machte aus einander oft völlig fremden Männern Angehörige einer Art, die einander überall erkannten. Waren sie gezwungen, miteinander zu kämpfen, wahrten sie die Riten dieser Art: Ritterart. Zur gleichen Zeit formte allmählich das Christentum die Gesellschaft in Europa. Sein Weltbild siedelte erringenswerte Ziele überhaupt außerhalb dieser Welt an. In mehreren großen Reformansätzen, von denen jene des elften und zwölften Jahrhunderts die bedeutendsten waren, gelang es der Religion, die rohen Verhaltensmuster einer internationalen Kriegerkaste zu einem Ritterideal zu wandeln. Die Verteidigung der Kirche, der Schutz der Schwachen und der Diener Gottes, die Abkehr von Raub und Ausschweifung, solche Normen wurden Bestandteil der ritterlichen Ethik.

Äußerliches Zeichen für diese „Taufe" des Rittertums ist der Einfluß der Kirche auf alle Zeremonien, die den Ablauf des ritterlichen Lebens bestimmten. Man versuchte letztendlich, aus dem gesamten Ritterstand einen Orden zu bilden, als dessen scheinbare Vollendung sich die großen ritterlichen Kampforden des Mittelalters wie die Templer, die Hospitaliter und die Deutschordensherren darstellten.

Der Ritter kämpft, aber er kämpft für Gott. Ritter, *milites*, im Dienste Gottes bzw. Christi sind alle: der König wie der letzte Krieger, die Bischöfe wie der einsamste Mönch. Das Bild des Kriegers für das Gute wird zum Vorbild für alle, die in irgendeiner Weise in der Gesellschaft wirken wollten. Der Mönch kämpft gegen den Teufel und seine Versuchungen, der Bischof gegen die Einflußnahme der Welt auf die Kirche. Märchen und Sagen vermitteln eine Vorstellung, einen letzten Abglanz der Ritteridee: Der Ritter tötet Ungeheuer und rettet Jungfrauen. Er teilt die Nahrung mit dem Bettler und läßt das alte Mönchlein auf seinem Pferd sitzen. Der Ritter als Ahnherr der Pfadfinder.

Echte Drachen gab es auch im Mittelalter

nur in begrenzter Zahl, ebenso wie auch Jungfrauen, die zu erretten waren. Dennoch sind diese Bilder direkt aus mittelalterlichen Vorstellungen entnommen. Sie stellen auch eine alltägliche Situation der Bewährung dar, nicht eine weltfremde Phantasie. Der Ritter spürte täglich einen unauflöslichen Widerspruch: Mit den Mitteln des Krieges für den Frieden kämpfen, Reichtum erwerben, um Armen Almosen geben zu können.

Der Nachbar, mit dem man wegen einer persönlichen Beleidigung in FEHDE lag, war vielleicht gar kein so finsterer Bösewicht, auf keinen Fall aber der Antichrist. Die Ehre des Ritters verlangte nach Rache, und wenn man des Herrn nicht habhaft werden konnte, zündete man seinen Bauern die Häuser an. Die Geistlichkeit hat durchgesetzt, daß die Fehde wenigstens an Sonntagen und Heiligenfesten ruhte. So betete man am Sonntag und ging am Montag ans blutige Handwerk.

Eine Zivilisation, die aus dem Krieg kam, sollte den christlichen Frieden schützen. Wenn es zu Kämpfen unter Christen kam, so mußte der Gegner als furchtbarer Bösewicht hingestellt werden, als Ungeheuer, von dem es die

◂ 6. Reiterschlacht mit hl. Mauritius. Filialkirche St. Mauritius, Söll (Südtirol), um 1370.

Welt zu befreien galt. Viele solcher Schilderungen sind überliefert, oft wechselweise von beiden Streitparteien über die anderen.

War der Gegner kein Christ, war es einfacher. Die West- und Mitteleuropäer konnten die gänzlich verschiedene Welt der griechisch-byzantinischen Kultur kaum begreifen. Es war daher gar nicht so schwer, 1204 ein Kreuzfahrerheer nach Byzanz umzulenken, um einen Staat zu erobern, der seit seiner Existenz christlich war. Aber er fügte sich nicht in die westlichen Vorstellungen von Herrschaft, die klar wie eine militärische Befehlsstruktur war — wenigstens der Theorie nach.

Nichtchristen konnte man bekriegen, soviel man wollte. Die herrlichsten Dichtungen ritterlicher Lebensart triefen vom Blut der Ungläubigen und Heiden. Viele Tausende Ritter zogen in die KREUZZÜGE. Ein großer Teil kam nie ins Heilige Land. Die Wege dorthin waren gefährlich — oder teuer. Die meisten kamen nicht zurück. Keines der verkündeten Ziele wurde durch diese Kriege erreicht. Der einzige länger dauernde Erfolg, der den Zugang zu den heiligen Stätten sicherte, war ein Verhandlungserfolg Kaiser Friedrichs II. Die immer wieder ins Treffen geführte Kultur, die man von den Kreuzfahrten mitgebracht hätte — Seide, Kunst und Wissenschaft — hätte man in Venedig billiger haben können, wenn nicht überhaupt von syrischen und jüdischen Wanderhändlern.

Am schlimmsten stand es um die KETZER. Was die Theologie betraf, gab es im Mittelalter unter Fachleuten immer Differenzen. Das liegt an der Materie und an dem oft starren, dogmatischen Denken der Zeit. Gefährlich wurde die Sache erst, wenn zwei Umstände zusammentrafen: Wenn eine größere Zahl von Personen, die nicht der Oberschicht angehörten, von der Bewegung erfaßt wurde und wenn sie die Kirche und die angeblich christliche Gesellschaft grundsätzlich angriffen. Sie konnte man hetzen wie die Ungläubigen.

Der Ritter tötet Ungeheuer, aber er rottet sie nicht aus. Er wird zur lächerlichen Gestalt, wenn die Dame nicht gerettet werden will. Er gibt Almosen, beseitigt aber die Armut nicht. Der Kampf des Guten mit dem Bösen geht in unendlichen Verwicklungen weiter. Kaum eine der großen Dichtungen des Mittelalters hat ein wirkliches Ende, so wenig wie die Märchen: Und wenn sie nicht gestorben sind . . .

Aus den verschiedensten Schichten stoßen im Laufe des Mittelalters Personen zum Rittertum. Die unmittelbaren Aufgaben als Krieger und verlängerter Arm des Herren wurden veredelt durch eine christliche Ritteridee, die alles unter den Aspekt der Auseinandersetzung zwischen Gut und Böse stellte. Diese Sublimierung brachte die schönsten Kulturleistungen und die abscheulichsten Verbrechen des europäischen Mittelalters hervor: Kathedralen und Heldenepen, Ketzerkreuzzüge und Judenpogrome.

Der Ritter baut nicht nur Burgen, sondern auch Kirchen. Der ungeheure Zwiespalt zwischen Anspruch und Wirklichkeit trifft ihn schwer. DER RITTER BETET. Niemand kann sich heute die Intensität dieses Betens vorstellen: Die rauhe Welt der Politik und des Krieges war mit dem Ideal des Rittertums nicht in Übereinstimmung zu bringen. Nur die totale Selbstaufgabe hätte diesen Widerspruch aufgelöst — das war die Wurzel des Mönchtums. So manchier Ritter wurde im Alter Mönch. Solange er aber in der Welt blieb, war er ständig vom Tod umgeben. Jede Infektionskrankheit konnte tödlich sein, jede Verletzung bedeutete Infektionsgefahr. Mit dreißig gehörte man zu den alten Leuten. Ist es verwunderlich, daß

das Jenseits, die Versöhnung als eigentliches Leben eine so große Rolle spielte; daß eine Gesellschaft, die von freiem Dienst und Gegendienst lebte, das Verhältnis zu Gott ebenso sah?

Der Ritter betete und ließ beten. Er baute Kirchen und stiftete Klöster. Er schickte seine eigenen Kinder in die Klöster oder ließ sie zu Klerikern ausbilden. Er hoffte, daß eines davon einmal heilig werden könnte. Saß es dann nicht an der Seite des höchsten Herren, wie die Fürsten an der Seite des Königs? War mit einem solchen Fürsprecher am göttlichen Himmelshof nicht vieles leichter? Wer keine Kirche bauen konnte, stiftete eine Kapelle. Dazu gehörte das Gebäude, seine Ausstattung und ein Stipendium für einen Priester, der dort den Gottesdienst versah. Oder man stiftete an eine bestehende Kirche einen Acker oder eine andere Einkommensquelle. Hin und wieder mußten eigene Gesetze erlassen werden, daß nicht zu große Teile des Privatvermögens in den Besitz der Kirche gelangten. Nicht nur die Existenz einzelner Familien wurde dadurch gefährdet, die ganze Wirtschaftsstruktur konnte ihr Gleichgewicht verlieren.

Eine solche Schenkung bot Gelegenheit, die ganze Adelsherrlichkeit zu demonstrieren:

Unser Herr und Erlöser hat mit klarer Stimme verkündet und gesagt: Sammelt euch vielmehr Schätze im Himmel, wo weder Motten noch Wurm zerstören etc. Von diesen Worten betroffen und im Vertrauen darauf hat ein gewisser adeliger Herr namens Ratold zu überlegen begonnen, was zum Heil seiner Seele dienen könne. Seine Getreuen haben ihm den Rat gegeben und er schickte seinen Boten zum ehrwürdigen Mann, dem Bischof Erchanbert, damit dieser zu ihm nach Daglfing käme. Und der hat sich in seinem Erbarmen nicht geweigert, dorthin zu kommen, sondern er kam, leistete ihm den erbetenen Heilsdienst und fragte alle Nachbarn und Verwandten, ob er das Verfügungsrecht über seine Güter hätte, sie für sein Seelenheil an das Haus des Herrn zu schenken. Und dreimal wurde die Frage vollzogen, und keiner wollte und konnte ihm widersprechen. Ratold selbst aber stand, männlich umgürtet mit dem Schwert [vgl. Abb. 2], *in der Mitte des Hauptraumes seines Hauses und übergab auf die Kapsel der heiligen Maria in die Hände des ehrwürdigen Mannes, des Bischofs Erchanbert, und seines Vogtes Reginbert, was immer er dort hatte und an einem Ort Gronsdorf und an einem dritten Ort namens Aufham, was immer er dort hatte außer einem Hof, den er seinem Vasallen Rihpert zu eigen gab und jenen Sachen, die sein Bruder Adalgoz ihm hinterließ als Erbe mit allen kirchlichen Sachen, die dazu gehören, in dem Sinn, daß, wenn sein Sohn Chunihoh, der Bischof, in die Heimat käme* [er war wohl auf Pilgerfahrt], *er seinen ihm gegebenen Teil haben solle; wenn aber nicht, bleibe er völlig unversehrt bei Freising zu beider Seelenheil mit Höfen, Gebäuden, bebautem und unbebautem Land, beweglichen und unbeweglichen Gütern, Wiesen, Weiden, Wäldern, Wässern und Wasserläufen, Hörigen und Geldern und Nutzbarkeiten und Vieh. Die Namen der Hörigen aber sind:* [35 Namen]. *Nachdem alles das rechtsgültig vollzogen worden war, wies Ratold auf der Stelle den Bischof Erchanbert und seinen Vogt Reginpert in alle seine Güter ein, und zwar durch Überschreiten der Schwelle seines Hauses, und der Schenker ging hinaus, und der Bischof Erchanbert und sein*

◀ 7. Obwohl in vieler Hinsicht pervertiert, war doch christliches Ideengut die Basis für den Rittergedanken. Diese Affinität wird an zahlreichen Kunstdenkmälern deutlich. Epitaph des Ulrich Reichenecker. Um 1410.

Vogt traten ein. Aber nachher bot er ihm umgekehrt als Gnade alles, was er geschenkt hatte, zu Nutzgenuß und zur Verbesserung bis zum Lebensende ohne Einschränkung; aber nach dem Lebensende soll es mit allen Verbesserungen und Zuwächsen beim Haus der heiligen Maria in Freising bleiben. Und er bestimmte, daß keiner seiner Miterben vom heutigen Tag an und auch nicht Ratold selbst oder seine Verwandten und Söhne Gewalt hätten, irgend etwas zu ändern, und nicht seine Verwandten und Nachfahren, sondern daß die Schenkung in ewiger Stabilität auf ewig rechtsgültig bleibe, damit das Erbe seinen Reichtümern im ewigen Himmel zugerechnet würde vor Gott, der lebt und herrscht. Und seinen Hörigen Sasso und dessen Sohn gab er in die Hand des Bischofs Erchanbert und seines Vogtes zu eigen und gab ihnen die Macht, diesen Sasso freizulassen. Das sind die Zeugen: [26 Namen].

Das geschah in Daglfing [bei München] *im Jahr des Herrn 839, im 26. Jahr des Kaisers Ludwig und im 12. unseres Königs Ludwig in der ersten Indiktion, die consule am 10. Dezember. Und ich, Cozroh, unwürdiger Priester, schrieb die Urkunde auf Befehl des Bischofs Erchanbert und habe alles selbst gesehen und gehört.*

[Freie Übersetzung nach Freisinger Traditionen n. 634.]

Allerdings hatte man von den geistlichen Stiftungen auch seinen Nutzen. Der wichtigste war, wie gesagt, das ständige Gebet, das einen später auch aus dem Fegefeuer herausholen sollte. Wenn dem mittelalterlichen Menschen Mittel und Wege angeboten wurden, die geistlichen Strafen zu verkürzen, die er vom HerrGott erwartete, nahm er nahezu alles in Kauf. Dieser Sehnsucht nach Sicherheit hat eine Art Gewerbe seine Existenz zu verdanken, das wir uns heute kaum mehr vorstellen können: die Herstellung von Reliquien und der Handel damit.

Natürlich stellte man sich die Verhältnisse im Himmel nicht viel anders vor als auf der Erde, nur in idealer Form. Gott nahm am himmlischen Hof die Stelle des Königs ein, die Engel und die Heiligen waren die Fürsten und die Gefolgsleute Christi. Ein einfacher Ritter konnte nicht direkt zum höchsten Herren vordringen. Er brauchte einen Großen, der für ihn sprach. Im Himmel waren es die Heiligen und Maria, die sich der Sorgen der Menschen annahmen und sie zu gegebener Zeit dem Herren vortrugen.

Andere Bereiche des menschlichen Lebens waren überhaupt nur an der Oberfläche verchristlicht. Tief in die Vergangenheit der europäischen Völker führen die Vorstellungen von TOD UND JENSEITS. Die Helden der Germanen und Kelten lebten weiter, am himmlischen Hof und im Gedächtnis der Familien. An bestimmten Festtagen wurde ihnen Speise und Trank gereicht, in der Halle, wo über sie Lieder gesungen wurden, hatten sie einen eigenen Platz. Die Sippe war eine Gemeinschaft über den Tod hinaus, der gegenwärtige Mensch stand in Kommunion mit seinen Vorfahren.

Dieser Totenkult der germanisch-keltischen Adelswelt prägte auch die christliche Lehre von der Unsterblichkeit der Seele. Daraus entstand eine spezifisch abendländische Totenverehrung, deren Auswirkungen wir heute noch spüren. Kaum sonst, auch nicht in anderen christlichen Kulturen, ist die Vorstellung von Toten so an ihren Körpern fixiert. Was bei vorchristlichen Begräbnissitten und Totenfeiern begann, führte im Mittelalter zu einer eigenartigen Form des Reliquien- und Begräbniskultes.

Man sammelte Reliquien von Heiligen. Das waren Teile ihrer Körper oder Gewänder oder auch nur Gegenstände, die mit ihnen in Berührung gekommen waren. Der Sammeleifer war wechselnden Moden unterworfen, riß aber nie ab. Der Gelehrte Einhart, Biograph Karls des Großen und Baumeister Aachens, ließ zwei seiner Leute mit einem Führer nach Rom ziehen, um dort die Reliquien zweier Märtyrer zu stehlen. Denn gestohlene Reliquien waren mehr wert: Bei gekauften wußte man nie, ob sie auch echt waren. Einhart bezog sogar zwei ganze Heilige direkt aus einer der unzähligen römischen Kirchen. Waren Heilige nicht wundermächtig? Hätten sie sich nicht wehren können gegen den Diebstahl? Aber sie waren ja froh, nun unter Leute zu kommen, die ihnen gebührenden Respekt zollten.

Je unsicherer die Zeiten, desto stärker die Versuchung, sich mit Hilfe handfester Dinge der Ewigkeit zu versichern. Wagenladungen von Brennholz hätte man von den Splittern aus dem Kreuze Christi zustande gebracht, die in Europa gehandelt und gehütet wurden. Jede Kirche hatte ihre Allerheiligen-Kapelle, in der die Schätze aufbewahrt wurden. Im vierzehnten Jahrhundert etwa, nach den furchtbaren Pestjahren, klammerte man sich besonders an den Reliquienkult. Kaiser Karl IV. sammelte, Herzog Rudolf IV. der Stif-

8. Marschall Hüglin von Schönegg, † um 1377/78. Sandsteinplastik in der Leonhardskirche Basel. ▸

▲ 9. Das ritterliche Leben war bestimmt von zahlreichen strengen Regeln. Jeder Ehrencodex neigt allerdings zur Perversion, wie diese Illustration zeigt: Der Sohn tötet seine Mutter, die Ehebruch begangen hat. Der neben ihr liegende Ritter bleibt ungeschoren, weil man einen unbewaffneten Mann nicht töten darf. Tristan und Isolde, Anfang 15. Jh.

10. Die echte Minne war unerhört, das heißt, daß die Liebe, die keine Erfüllung gefunden hat, als am wertvollsten gegolten hat. Manessische Liederhandschrift. 1. Hälfte 14. Jh. ▸

ter sammelte, und im Jahr 1407 übergab Achaz von Kuenring dem Stift Zwettl 771 von seinem Vater gesammelte Reliquien. Es ist wohl kein Zufall, daß keine einzige davon bis heute erhalten blieb, obwohl das Kloster sonst seine Schätze wohl zu bewahren wußte; sie schienen wohl selbst den Mönchen nicht erhaltenswürdig.

Wir werden, wenn wir die Umwelt der Ritter schildern, noch einmal auf die Kirche eingehen. Hier kommt es darauf an, zu zeigen, was die Eigenart mittelalterlichen Christentums ausmacht: Es ist oft nur verzweifelte Tünche über heidnischen Gewohnheiten, dünne Barriere vor barbarischer Grausamkeit, armselige Aushilfe für die von ständischem Dünkel verursachte Not.

Man sollte das auseinanderhalten: Das Mittelalter ist die Epoche, in der Europa christlich wird, in Kämpfen und Krämpfen. Nicht das Christentum herrschte, sondern die Kirche. Deren Träger kamen jedoch aus den gleichen Schichten wie die Träger der weltlichen Herrschaft. Nicht die Erfüllung, die Sehnsucht ist die Mutter der Kathedrale; aber nicht die Sehnsucht nach einem besseren Diesseits. Der Ritter war nicht dazu da, die Welt zu verändern. Wie könnte auch eine so rasche Generationenfolge Vertrauen in eine bessere Zukunft gewinnen? Die Weihe, die der Ritter empfing, weihte sein Tun einer anderen Welt, einem ewigen Dienst. Das heißt nicht, daß sein Tun deshalb weltfremd werden mußte. Das passierte nur dem, der Ritterromane wörtlich nahm: Don Quixote, dem Ritter von der traurigen Gestalt.

Im Alltag haben sich die Herren Ritter wie andere Große auch benommen: Wenn sie zusammenkamen, unterhielten sie sich über die Schweinepreise und die Qualität des Weines, nicht über Parzifal und Herzeloyde. Sie hätten es ihren Söhnen wohl ausgetrieben, wenn sie wirklich gegen Drachen hätten ziehen wollen. Zu einer befreundeten Familie sind sie gezogen oder in die Städte, um die Welt zu sehen und Lebensart zu lernen.

Nicht Beschreibung einer auch nur erhofften Wirklichkeit sind die Geschichten und Abenteuer des ritterlichen Mittelalters. Sie sind viel mehr: Sie sind der Versuch, dieser tristen Welt einen Sinn zu geben und der mühevollen Bewährung ein glanzvolles Ziel.

Das zeigt sich am eindrucksvollsten bei der MINNE, der wohl schönsten Blüte mittelalterlichen Rittertums. Die mittelalterliche Gesellschaft war im großen und ganzen patriarchalisch. Gruppen von Kriegern tendieren immer zu männerbündischem Gehabe: Exzessive Gelage, geheimnisvolle Pseudoliturgie und Blutsbrüderschaft kennen wir auch aus dem Mittelalter. Gerade, daß sie nicht in der Rauhnacht, sondern z. B. am Tag des heiligen Stefan stattfanden — das Datum ist nicht zufällig dasselbe.

Frauen kamen nur als Exponenten ihres Standes oder ihrer Sippe zu Ehren. Die Tochter eines Königs war etwas Besonderes, oder die Frau aus berühmtem Hause (etwa der Welfen); die Witwe, die eine Zeit anstelle des Erben herrscht; die Erbtochter, die die Tradition eines adeligen Hauses weitergeben konnte, wenn keine männlichen Erben vorhanden waren. So kam noch Maria Theresia zu ihren Ehren.

Frauen waren wichtig für die Fortpflanzung der Familie. Gerade darum aber waren

▲ 11. Der Kol von Nüssen. Manessische Liederhandschrift. 1. Hälfte 14. Jh.

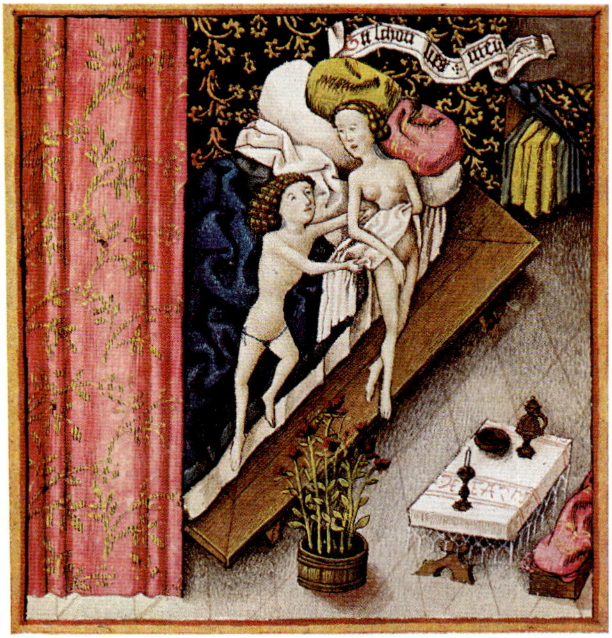

12. Jason und Medea. Ägidius Colonna, Der Trojanische Krieg. Wien, Martinus Opifex 1445 bis 1450. ▲

13. Medea am Fenster. Ägidius Colonna, Der Trojanische Krieg. Wien, Martinus Opifex 1445 bis 1450. ▶

sie gefährdet. Von zehn Kindern überlebten meist nur drei oder vier; unzählige Frauen starben im häufigen Kindbett. Das muß man vor Augen haben, wenn man die weltgeschichtliche Bedeutung des mittelalterlichen Minnewesens abschätzen will. Zum ersten Mal war, von Göttinnen und Hetären einmal abgesehen, die Frau dort als Person Ziel menschlicher Aufmerksamkeit, und nicht bloß, weil sie der Arterhaltung nützlich war.

Nicht die körperliche Vereinigung sollte Ziel der hohen Minne sein, sondern gesellschaftliche Geltung, *pretz et honor,* verschafft der Dienst für die Herrin, der *domna* in der Sprache der Trobadors. Natürlich verlor die Minne ihren Bezug zur Erotik nie. Im Gegenteil, ein Großteil der wirklich gesungenen Lieder wird wohl recht deftig gewesen sein. Es sind genug dieser Art erhalten.

Under der linden
an der heide
dâ unser zweier bette was,
dâ mugt ir vinden
schône beide
gebrochen bluomen unde gras.
vor dem walde in einem tal
tandaradei,
schône sanc diu nahtegal.
Ich kam gegangen
zuo der ouwe:
dô was min friedel komen ê.
dâ wart ich enpfangen
hêre frouwe,
daz ich bin saelic iemer mê.
kuster mich? wol tûsentstunt:
tandaradei,
seht wie rôt mir ist der munt.

Dô het er gemachet
alsô rîche
von bluomen eine bettestat.
des wirt noch gelachet
inneclîche
kumt iemen an daz selbe pfat.
bî den rôsen er wol mac
tandaradei
merken wâ mirz houbet lac.

Daz er bî mir laege,
wessez iemen
(nu enwelle got!), sô schamt ich mich.
wes er mit mir pflaege,
niemer niemen
bevinde daz, wan er unt ich,
und ein kleinez vogellîn:
tandaradei,
daz mac wol getriuwe sin.

[I. Unter der Linde auf der Heide, wo unser beider Lager war, da könnt ihr finden sorgsam gepflückte Blumen und Gras. Vor dem Wald in einem Tal, tandaradei, sang so schön die Nachtigall.

II. Ich kam zu der Aue gegangen, da war mein Liebster schon gekommen. Da wurde ich empfangen, heilige Jungfrau, daß ich für immer glücklich bin. Küßte er mich? Wohl tausendmal, tandaradei, seht wie rot mein Mund ist.

III. Da hat er gemacht so prächtig aus Blumen eine Lagerstatt. Darüber wird man noch lachen von Herzen, wenn man denselben Pfad kommt. An den Rosen man wohl mag, tandaradei, kennen, wo mein Kopf da lag.

IV. Daß er bei mir lag, wüßte das jemand — behüte Gott — ich schämte mich. Was er mit mir tat, niemand soll das erfahren als er und ich und ein kleines Vögelein, tandaradei, das mag wohl verschwiegen sein. II 39, 11 ff.]

So dichtete Walther von der Vogelweide an der Wende zum 13. Jahrhundert. Noch etwas handfester formulierte das ein Dichter aus dem niederösterreichischen Waldviertel, der es immerhin auch zu der Ehre brachte, in der Manessischen Handschrift abgebildet zu werden:

1. Nun werde ich das ganze Jahr über hochgemut sein; ich hörte süßen Gesang einer Schwalbe im Flug. Ihre Stimme war schön. „Fräulein Dame, wenn ich euch in einem Wald hätte, das wär mir lieber als der Kranz, den ihr da von mancherlei Blumen zusammengesucht habt." „Knappe, gebt euern Wunsch auf; was ihr sagt, ist vergeblich; ginge ich mit euch in den Wald, so möchte mich vielleicht ein Dorn stechen. Dann schlüg' mich zu meinem Zorn die Mutter."

2. Er nahm sie an der weißen Hand und führte sie in den Wald, wo kleine Vöglein allerlei Lieder sangen, über einen schmalen Steig unter eine mächtige, grüne Linde. Da ist aus dem kecken Mädchen eine ebenso schöne Frau geworden. Er legte das edle Fräulein ins grüne Gras. Ich weiß nicht, welchen Brief er ihr dort vorgelesen hat. Und hat sie auch darob ein wenig gezürnt, so schloß man doch sehr schnell Frieden. Das bewirkte der Liebe (oder: liebe) Dorn.

[Kol von Nüssen, Übersetzung nach Helmut Birkhan.]

Da hilft nicht viel, wenn man „hohe" und „niedere" Minne trennt. Ein gehörnter Ehemann bleibt ein Hahnrei, auch wenn er König Marke heißt und seine Frau Isolde, deren Liebhaber Tristan ist. Es wird wohl zu Zeiten, in denen man Frauen nach dynastischen Gesichtspunkten nahm, ein wenig häufiger vorgekommen sein, daß die Liebe nicht gerade im Ehebett Erfüllung fand.

Was überhaupt die EHE betrifft: Es ist nicht so, daß ihre Form zu jeder Zeit und unter allen Umständen die gleiche war. Auch für den Tegernseer Mönch des 11. Jahrhunderts, der das Ruodlieb-Epos wohl für die Erziehung eines Adelssprößlings abfaßte, war die Begegnung zwischen einem jungen Mann und seiner künftigen Frau recht verschieden zu dem, was wir uns unter dem Mittelalter vorstellen. Der Ritter wußte sich zu benehmen, angenehm zu erzählen, Musik zu machen und zu tanzen. Daraufhin heißt es aber: *mater si sineret, vel in ipsa nocte coirent* . . . [Hätt' die Mutter sie gelassen, hätten sie noch in derselben Nacht miteinander geschlafen.]

Die Heiratsvorbereitungen zogen sich noch lange hin. Das wichtigste war wohl die Feststellung, die künftigen Eheleute seien einander ebenbürtig. Das große Fest war eine Feier der Familien. Vielleicht ging man bei der Gelegenheit auch zur Messe. Geistliche hatten bei der Hochzeit selbst keine Funktion. Das kam erst im 12. Jahrhundert auf. Die Bedeutung der Ehe lag vor allem in der Verbindung zweier Großfamilien, bei der rechtliche Angelegenheiten genau zu regeln waren. Mitgift, Morgengabe und Witwenversorgung wurden festgelegt. Wer diese Formen nicht brauchte, weil er nichts hatte, konnte im Rechtssinn auch nicht heiraten. Das heißt nicht, daß es nicht auch in den Unterschichten bleibende eheartige Gemeinschaften gegeben hätte. Nur waren sie weder vom Notar beglaubigt noch vom Geistlichen eingesegnet. Dasselbe gilt für eine Vielzahl von Verbindungen weniger offiziellen Charakters. Alkuin, einer der wichtigsten Männer von Karls des Großen „Hofschule" und selbst Geistlicher und Abt beglückwünscht einen Sohn Karls zur „Gefährtin seiner Jugend", womit er keineswegs seine künftige Frau meinte.

◀ 14. Minneszene von einem Wandbehang. Regensburg, um 1390.

15. Tristan erhält einen Brief von Isolde. Tristan und Isolde. Anfang 15. Jh. ▶

Doch hat all das mit HOHER MINNE nur wenig zu tun. Wieder hat sich ein wilder, noch ziemlich ungezähmter Trieb — so wie das Kämpfen —, der im täglichen Umgang noch alle Züge des Barbarischen an sich trug, zum Ausdrucksmittel eines hinter der Wirklichkeit stehenden Ideals formen lassen. Es ist gar nicht so wichtig, ob man sich wirklich so benahm, wie man es von einem Minne-Süchtigen erzählte. Ulrich von Liechtenstein, ein bedeutender Dichter und Landeshauptmann der Steiermark zur Zeit des Interregnums im 13. Jahrhundert, deutet an, daß sich so mancher Knappe bei übertriebenem Dienst lächerlich gemacht hat. Daß Ulrich sich eine Hasenscharte operieren ließ, um seiner Herrin zu gefallen, mag ja noch ganz sinnvoll erscheinen. Denkt man an die damaligen ärztlichen Künste, kommt einem die Heldentat allerdings erst richtig zu Bewußtsein. Daß er das Badewasser seiner Geliebten trank, hat wohl auch nicht unbedingt zu seiner Gesundheit beigetragen. Im übrigen hat ihn die Holde ohnehin verschmäht.

Dir hât enboten, frowe guot,
sîn dienest, der dir es wol gan,
ein ritter, der vil gerne tuot
daz beste, daz sîn herze kan.

[Dir hat, edle Herrin, angeboten seinen Dienst ein Ritter, der dir von Herzen zugetan ist: Er will sich mit Freuden auszeichnen, soweit ihm das nur möglich ist.]

So klingt es, wenn Walther von der Vogelweide „Hohe Minne" singt (MF 214, 34). Die Frau ist diesmal wirklich nicht Ziel sinnlichen Begehrens, sondern Symbol all dessen, um dessentwillen man etwas Gutes tut, ritterliche Bewährung und Heimatlosigkeit auf sich nimmt. Es ist die Frau, die Herrin, der eine höhere Art von Gefolgschaft zukommt als dem Herrn. Ein französischer Trobador formulierte:

Non sap de dompnei pauc ni pro
Qui del tot vol si donz aver.

[Der versteht vom Frauendienst gar nichts, der seine Herrin ganz haben will; Daude de Pradas, 13. Jh., zitiert nach Köhler, Trobadorlyrik 301.]

Von Schönheit und Reichtum dieser zwischen handfester irdischer Sinnlichkeit und esoterischer Verrücktheit gespannten Bilderwelt fasziniert, hat noch kaum jemand ergründet, woher die Minne überhaupt kam. Gewiß, die Rolle der adeligen Damen in der Burg oder am Hofe soll man nicht unterschätzen. Alles, was schön war an Spiel, Tanz und Bildung drehte sich um sie, spielte sich in ihren Zimmern ab. Das Bild vom Krieger, der die Frau erringt, kennt man, seit sich die Menschheit Geschichten erzählt. Aber auch das Christentum hat die Minne beeinflußt. Da war vor allem das Bild Mariens, unverkrampfter als in späteren Zeiten dargestellt, welches zum alltäglichen Frauenbild einen besonderen Akzent brachte. Es gibt sogar seltene Beispiele, in denen Marienlyrik und Minne-Erotik einander berühren:

Selich sin din ovgen
Die kunnen heisen tovgen
Selich si din chuslich munt
Der min herze hat verwunt
Selic sin din lichten wangen
Die habent dinen schin bevangen
Selich si din liplich kinne
Selich si der arch ein minne
Da min herze lit inne verslozzen . . .

[Selig seien deine Augen. / Sie können heimlich verheißen. / Selig sei dein kußbereiter Mund, / der mein

Herz verwundet hat. / Selig seien deine hellen Wangen, / die deinen Glanz einschließen. / Selig sei dein liebliches Kinn, / selig sei die Liebe zur Arche (des Bundes = Maria), / in ihr liegt mein Herz verschlossen . . .]

heißt es in einem im niederösterreichischen Kloster Zwettl überlieferten Gedicht auf Maria, die als Minne-Herrin geschildert wird:

Da ich mine vrowe batt
Daz si mich in ir dienst enpfie.

[Als ich meine Dame bat, sie möge mich in ihren Dienst aufnehmen. Zwettler Marienminne, mitgeteilt mit freundlicher Erlaubnis von Oskar Pausch.]

Man sollte nicht vergessen, daß in der Bibel eine der schönsten Sammlungen von Liebesliedern der Weltliteratur enthalten ist.

Stehe auff meine Freundin
meine schöne
vnd kom her. Denn sihe
der Winter ist vergangen
der Regen ist weg vnd da hin.
Die Blumen sind erfür komen im Lande.
Der Lentz ist er bey komen
vnd die Dordeltaube lesst sich hören in vnserm Lande.

Das ist kein mittelalterliches Minnelied, sondern ein kleines Stück aus dem Hohen Lied Salomons (II, 10) in der Übertragung Martin Luthers. Jahrhundertelang haben sich Theologen mit diesen Liedern beschäftigt, weil die Braut als Symbol für die Kirche und der Bräutigam als Sinnbild Christi galt. Sollte dabei den Menschen die unmittelbare Wirkung dieser Dichtung gänzlich verlorengegangen sein? Ist nicht die Interpretation des Hohen Liedes ähnlich wie das Verständnis der Hohen Minne?

Das Verhältnis Jesu zu den Frauen ist bekanntlich nicht so distanziert, wie es manche Theologen gerne haben wollten. Immer waren sie um ihn, und sie erfuhren als erste von der Auferstehung wie die Hirten von der Geburt: Jedesmal wurden also die zum Geheimnis zugelassen, die dem Recht nach benachteiligt waren. Auch in dem berühmten Evangelium, in dem sich die Hausfrau Martha über Maria beschwert, die zu Füßen des Meisters blieb und nicht in der Küche half, wird der letzteren Recht gegeben (Lukas 10, 38 f.). Darauf haben sich Generationen von Nonnen berufen. Auch im christlichen Weltbild wird also die Frau nicht nur als Gefäß des Bösen oder Garantin der Nachkommenschaft, sondern auch als Symbol der höchsten Vollendung gesehen.

Das sind also die drei Aspekte, welche die Besonderheit des europäischen Rittertums ausmachen:

1. Im Rittertum werden die Ideale einer Kriegerklasse zu allgemeinen sittlichen Normen stilisiert. Das Leitbild ist der freie DIENST am freigiebigen Herren.

Das ist nicht nur im mittelalterlichen Europa, sondern, davon völlig unabhängig, in ganz anderen Ländern und Zeiten geschehen. Vergleichbar ist etwa das *bushido* der Samurai, die Ethik der japanischen Ritter. Unterscheidendes Kennzeichen zu anderen Reiter-Kriegern ist die persönliche Bindung zwischen Herren und Gefolgsmann. Sie hebt eine bestimmte Gruppe besonders qualifizierter Männer aus dem übrigen Adelsstand heraus. Deshalb erhält Parzifal auch auf die Frage: „Was ist das, Ritter?" zur Antwort, den Namen eines Ritters.

„Den teilt der König Artus aus,
Und kommt Ihr, Jungherr, in sein Haus,
So wird er's Euch gewähren,
Bringt Euch zu Ritters Ehren.
Ihr scheint von Ritters Art geboren.

[Wolfram von Eschenbach, übersetzt.]

Dennoch war auf dem Wege über ritterliche Tätigkeit zu bestimmten Zeiten auch der Aufstieg für einfachere Schichten möglich. Immer wieder gab es Abgrenzungsprobleme nach unten.

2. Die Richtung der Stilisierung der ritterlichen Ethik bestimmte das CHRISTENTUM. Daher wurde auch aus der alten Wehrhaftmachung des adeligen Jungherren die Schwertleite und schließlich die Ritterweihe, die ohne religiöses Zeremoniell nicht mehr auskam. Bei der *consecratio ensis* (Weihe des Schwertes) wurden Segensworte gesprochen wie:

16. Die Bücher aus der Werkstätte König Wenzels waren mit immer wiederkehrenden Motiven verziert, die mit höfischen Mythen zusammenhängen, der Bademagd, dem Minneknoten und dem Eisvogel. Wiener astronomische Sammelhandschrift. Prag, um 1392 bis 1394. ▸

„. . . damit es Verteidigung und Schutz sei für Kirchen, Witwen und Waisen, für alle Diener Gottes gegen das Wüten der Heiden, und den Gegnern Angst und Schrecken einflöße.“

[Nach Carl Erdmann, Kreuzzugsgedichte 330.]

Diese Ritterweihe konnte vor oder nach einer Schlacht oder bei besonderen, feierlichen Anlässen angesetzt werden. Walther erinnert an eine solche Zeremonie, wenn er singt:

Dar an gedenkent, ritter:
ez ist iuwer dinc.
ir tragent die liehten helme
und manegen herten rinc,
darzuo die vesten schilte
und diu gewîhten swert.

[125,1: Das bedenkt, ihr Ritter: Euch geht es an. Ihr tragt die strahlenden Helme und manchen harten Panzer, dazu die festen Schilde und die geweihten Schwerter.]

Das Ziel der christlich-ritterlichen Ethik ist jedoch nicht, die Gegenwart zum Besseren zu ändern, sondern nur, in ihr die Auswüchse des Bösen möglichst kurz zu halten. Die Erfüllung, der Lohn der Abenteuer, liegt nicht in dieser Welt.

Wohl mir, mein Erbe ward der Gral.
Ihr aber nehmet allzumal
Eure Lehen von meinem Kinde,
Wenn echte Treu ich an euch finde!

So spricht, nach Wolfram, Parzifal am Ende seiner Fahrten.

3. Die eigentümlichste Blüte des Rittertums war das MINNEWESEN. Eine im Grunde patriarchalisch organisierte Gesellschaft löste nicht nur Liebe und Erotik von den unmittelbar biologischen Zwängen der Arterhaltung, sie schuf sich im Dienst an der unerreichbaren Frau ein irdisches Symbol ihrer Ideale. Weder die eigentlichen Wurzeln noch die innerweltlichen Folgen dieser Kunstform sind für uns deutlich genug erkennbar. Die biologischen und gesellschaftlichen Grenzen verhinderten ein Durchschlagen des Ideals auf die Praxis des Lebens.

Charakteristisch für alle drei Aspekte ist, daß sie nicht das Leben der Mehrheit der Bevölkerung, nicht einmal das der bevorrechteten Minderheit gestalteten. Sie stellten den mittelalterlichen Ritter in eine extreme SPANNUNG, die vielleicht ein Ausdruck dafür ist, wie schwierig die ANEIGNUNG DER ANTIKEN ZIVILISATION UND DER CHRISTLICHEN KULTUR für die europäischen Völker wurde. Wer diese Spannung in ihrer ganzen Tragweite erfassen will, muß dem ritterlichen Ideal die Lebenspraxis einer feindlichen, unbewältigten Umwelt entgegenhalten.

„‚Die erste Frage lautet: Was ist der Mensch? Die zweite: Wem gleicht er? Die dritte: Wo befindet er sich? Die vierte: Mit welchen Gefährten lebt er?‘

Der Philosoph sprach: ‚Herr, ich will auf die erste Frage antworten. Wenn du fragst, was der Mensch ist, sage ich: Er ist ein Knecht des Todes, ein Gast im Raum, ein Wanderer unterwegs . . . Die zweite Frage lautet: Wem gleicht der Mensch? Er gleicht dem Eis, weil er sich bei der Wärme rasch auflöst. So löst sich der Mensch, der aus Erde und Elementen zusammengefügt ist, in der Hitze der Krankheit (und des Todes) rasch auf und verdirbt . . . Die dritte Frage heißt: Wo befindet sich der Mensch? Ich sage: Im vielfachen Krieg, nämlich gegen Welt, Teufel und Fleisch. — Die vierte: Mit welchen Gefährten lebt der Mensch? Ich antworte: Mit sieben, die ihn ständig bedrängen. Das sind Hunger, Durst, Hitze, Kälte, Müdigkeit, Krankheit und Tod.“

[Aus den *Gesta Romanorum* um 1300, zitiert nach Arno Borst, Lebensformen 29 f.]

Wie es mit den Rittern zuging

Uns ist in alten maeren
wunders vil geseit
von helden lobebaeren
von grôzer arebeit,
von fröuden, hôchgezîten,
von weinen und von klagen,
von kuener recken strîten
muget ir nur wunder hoeren sagen.
[Anfang des Nibelungenliedes.]

Ehe wir uns den Lebensbereichen der Ritter zuwenden, muß die Geschichte noch einmal zu Wort kommen. Natürlich stehen Blüte und Verfall des Rittertums im historischen Ablauf der europäischen Geschichte nicht isoliert. Es lassen sich DREI SCHWERPUNKTE der Entwicklung angeben — und ein Nachspiel:

1. Aufstieg und Blüte des karolingischen Adels (8. und 9. Jahrhundert).

2. Endgültige Ausformung des ritterlichen Ideals und größter Einfluß auf die Gesellschaft im 12. Jahrhundert.

3. Versuch von Restauration und Reform im 15. und 16. Jahrhundert.

Ein Nachspiel kann man an den barocken Höfen des 17. und 18. Jahrhunderts beobachten.

Diese insgesamt vier Epochen haben noch zwei Aspekte gemeinsam, die auf den ersten Blick ein vielleicht überraschendes Licht auf die Grundlagen ritterlicher Lebensart werfen: Es sind allesamt Epochen religiöser und kirchlicher REFORM und eines besonderen Interesses an der ANTIKE.

Als die KAROLINGER im fränkischen Adel mächtig wurden und, zunächst als Hausmeier — das ist eine Art Premierminister — hervortraten, war der Prozeß der Ablöse der antiken Welt weitgehend abgeschlossen. In den westeuropäischen Staaten waren lateinische und germanische Strukturen verschmolzen, ebenso, wenigstens weitgehend, die Oberschichten der spätrömischen Provinzialbevölkerung und der eingewanderten Stämme.

Daher wurde der Aufstieg der Karolinger nicht einer von vielen Herrscherwechseln, sondern kann als Anfang einer eigenständigen, abendländischen Geschichte betrachtet werden. Für die neuen Herrscher galt es, auch neue Herrschaftsgrundlagen zu entwickeln. Denn die Berufung auf die Nachfolge in einem römischen Amt galt nicht mehr viel, und die alten Heilsvorstellungen germanischer Prägung waren mit dem Haus der Merowinger verbunden gewesen und hatten diese, trotz ihres Machtverlustes, so lange auf dem Thron gehalten. Die neuen Herrschaftsgrundlagen mußten in einer christlichen Königsidee münden: Pippin nannte sich *Dei gratia*, von Gottes Gnaden König. Er hatte beim Papst in Rom angefragt, ob es denn nicht endlich Zeit wäre, die alte Dynastie abzulösen. Von diesem oder einem Bischof wurden er und seine Nachfolger gesalbt, was bis dahin, außer bei den Westgoten in Spanien, nur für Geistliche üblich war. Karl der Große schließlich ließ den römischen Kaisergedanken für den Westen wiederaufleben, der seit Konstantin († 337) im christlichen Sinn interpretiert wurde.

Die reale Macht hatten die Karolinger einer mächtigen und einsatzbereiten Gefolgschaft zu verdanken. Es war ihnen gelungen, Personen aus verschiedenen Adelsgruppen zu integrieren und aus ihnen ein schlagkräftiges Heer zu formen. Dazu gehörte auch eine bessere Ausrüstung und eine geschlossene Taktik der vornehmlich berittenen Krieger. Wer immer sich der karolingischen Gefolgschaft anschloß, hatte den Marschallstab im Tornister. Für die gewaltige Expansion des fränkischen Reiches waren kaum genug Helfer der Herrschaft aufzutreiben. Auch diese Helfer, die den Willen ihrer Könige durchführen sollten, mußten sich den übrigen Franken gegenüber als legitime Herren ausweisen.

Im Verlauf des 8. Jahrhunderts hatte der Fortschritt der Waffen- und Kriegstechnik zur Folge, daß keineswegs mehr jeder freie Franke sein Recht und seine Pflicht zum Kriegsdienst wahrnehmen konnte. Wie die karolingischen Herren, so suchten auch die adeligen Gefolgsleute ihre LEGITIMATION im christlichen Vorstellungsbereich. Nun war auch den Theologen jener Zeit klar, daß im Christentum *ex natura,* von Natur her, alle Menschen gleich sein müßten — so abstrakt das in einer grundsätzlich adelig organisierten Welt klingen mochte. Nur *ex officio,* vom Amt, vom Dienst her, sollte es Unterschiede zwischen den Menschen geben.

Wollte also jemand seine Macht begründen, mußte er auf diese Idee eines höheren Dienstes zurückgreifen. Mit der Zeit entwickelte sich daraus ein neues Adelsethos, das die Elemente seiner Entstehung deutlich in sich trug: Am Anfang standen Gefolgschaft und Treue. Die wichtigste Fähigkeit war die zum Kampf. Der Kampf aber wurde umgedeutet zum Dienst am König und zum Dienst an Gott. Die Könige und noch mehr die Kaiser waren Schutzherren der Christenheit, *milites Christi,* und als solche ließen sie sich auch darstellen. Wie sie versahen ihre Gefolgsleute „in Gottes Namen" ihre Aufträge. Damit war ein Kompromiß zwischen Adelsdenken und Christentum gefunden, auf dem jahrhundertelang die europäische Gesellschaft aufbauen sollte.

Von der Idee her hatte, liest man die politischen Theoretiker jener Zeit, dieses Ziel einer einheitlichen, christlich motivierten Herrschaft etwas Faszinierendes. In der Praxis mußten von vornherein Abstriche gemacht werden. Byzanz, das zur Zeit der Kaiserkrönung Karls des Großen 800 von inneren Wirren zerrissen war, erholte sich wieder und betrachtete die „neuen" Kaiser im Westen eher amüsiert. Ein großer Teil der slawischen Stämme stand unter byzantinischem Einfluß und wurde auch von dort aus missioniert. Spanien, das die ganze Spätantike als jene römische Provinz galt, in der man römischer als in Rom zu sein versuchte, war fast ganz in Händen der Araber. Zu den Königen der britischen Inseln hatten die Frankenkönige ein eher kollegiales Verhältnis.

Aber die Integrationskraft des fränkisch-karolingischen Reiches reichte auch nicht lange aus, die übrigen Teile West-, Mittel- und Südeuropas zusammenzuhalten. Die regionalen Kräfte setzten sich vorübergehend durch, geführt von den Nachkommen des im 8. Jahrhundert aufgestiegenen Adels. Diese Großen, von denen einige fast königsgleiche Fürsten wurden, versuchten, den übrigen Adel in ihren Regionen in den Griff zu bekommen, befehdeten einander und hatten zudem noch den Angriffen von Normannen an der Küste und Ungarn im Südosten standzuhalten.

DAS NEUE REICH, das im 10. Jahrhundert unter den Ottonen entstand, brauchte neue Leute. Der Adel, der sich auf die karolingische Tradition berufen konnte, war aus mehreren Gründen nicht mehr imstande, die entscheidenden politischen Positionen auszufüllen. Äußere Gefahr und innere Auseinandersetzungen hatten seine Zahl erheblich vermindert. Das gesteigerte Selbstbewußtsein machte seine Heranziehung für öffentliche Aufgaben nur dann möglich, wenn man politische Konzessionen machte.

Daher kann man seit dem 10. Jahrhundert beobachten, wie die geistlichen und die weltlichen Fürsten und die Könige Leute für wichtige Dienste heranzogen, deren sie sicher sein konnten: Unfreie DIENSTLEUTE, die sich im Bereich ihrer Herrschaften und Güter bewährt hatten.

Deutlich läßt sich diese Entwicklung an der zeitgenössischen Rechtssprache beobachten: Noch im 9. Jahrhundert hießen hohe Adelige in Salzburger Urkunden *ministeriales ecclesiae,* Diener der Kirche. Aus dem Kreis dieser „Diener" wurde das Amt des Erzbischofs besetzt, und sie verfügten über einen großen Teil der Kirchengüter so, daß man kaum erkennen konnte, daß es nur Lehen waren.

Die Eigenleute der Kirche — und nur von geistlichen Institutionen haben wir in dieser Frühzeit eine reiche Fülle schriftlicher Quellen, sodaß wir derartige soziologische Vorgänge beobachten können — hießen *servientes* oder ähnlich, Knechte also. Das blieb eine Zeitlang aufrecht, auch dann, als man begann, die begabtesten unter diesen „Knechten" auszubilden und zu besonderen Diensten heranzuziehen: Eine wichtige Gruppe bildete die bewaffnete Mannschaft, die auch ein Abt oder ein Bischof dem Reichsheer zu stellen hatte. Auf diese Leute war weit besser Verlaß als auf die Männer eines Adeligen, der noch vor der Schlacht politische Vorteile herausholen wollte. Diese Mannschaft mußte ausgebildet und ausgerüstet werden und konnte nicht mehr regelmäßig für die landwirtschaftliche Produktion herangezogen werden. Andere erlangten gehobene Positionen in der Güterverwaltung. Man gab ihnen zum Teil alte Namen, wie Mundschenk, Truchseß und Marschall, obwohl sie nicht nur an der fürstlichen Tafel dienten, sondern ganze Verwaltungsressorts unter sich hatten.

Eine dritte Gruppe faßte langsam innerhalb der geistlichen Ämterlaufbahn Fuß. Es mögen wohl nicht zuletzt deren Angehörige gewesen sein, die den Anstoß zur kirchlichen Reform des 11. Jahrhunderts gegeben haben. Diese gehobene Schicht von Leuten im Dienst weltlicher und geistlicher Großer und des Königs zog im 11. Jahrhundert den Namen von Dienstleuten, *ministeriales,* an sich.

In FRANKREICH vollzog sich die Entwicklung grundsätzlich anders. Viel länger blieb dort die Macht des Königs auf einen kleinen Raum, im wesentlichen die Île de France, beschränkt. Viel länger dominierten dort die regionalen Gewalten. Als endlich, im 11. Jahrhundert, der Aufstieg des französischen Königs einsetzte, mußte dieser mit einer vielfältig strukturierten Adelslandschaft fertigwerden, welche die karolingischen Traditionen fortentwickelt hatte. Die Grundform der gesellschaftlichen Organisation war eine viel kompliziertere Form des Lehenswesens, als sich je östlich des Rheins ausbilden konnte. Indem einer vom anderen, wie auf den Stufen einer Pyramide, Lehen empfing, wurden auch die einfacheren Schichten des Adels davon erfaßt. Allerdings war es für den einzelnen oft nicht einfach, der Vielfalt der Bindungen gerecht zu werden, wenn er von mehreren Herren Lehen hatte. Wem war er Gefolgschaft schuldig, wenn unter diesen Herren ein Streit ausbrach?

An den verschiedenen Fürstenhöfen Frankreichs, vor allem im Süden, hatte sich eine reiche **ADELSKULTUR** entwickelt. Die Fürsten waren ihre Zentren, der niedere Adel ihre eigentlichen Träger und Verbreiter. An diesen Fürstenhöfen sangen die Trobadors die ersten Minnelieder, dort entstanden auch viele Neuformungen alter Heldenlieder, die relativ rasch für ganz Mitteleuropa Vorbild wurden. An diesen Höfen sammelte sich nicht nur eine große Zahl von Personen, die man eben als Fürst brauchte, diese Fürsten waren reich und wollten gepriesen werden:

Dels V. bons aibs per c'oms es puls honratz
Es largueza·l premiers, qui ver en tria,
E·l segons es pres de cavalaria
Car per aquel es totz hom plus duptatz.

[Von den fünf guten Eigenschaften, die am meisten Ehre einlegen, ist Freigebigkeit die erste, um die Wahrheit zu sagen. Den zweiten Platz nimmt die Tapferkeit (*cavalaria*, eigentlich Rittertum) ein, denn durch sie ist man am meisten gefürchtet. Zitiert nach Köhler, Trobadorlyrik 296.]

Einer der wichtigsten Faktoren, die dem französischen König zum Wiederaufstieg und zur Macht verhalfen, war der niedere Adel. Der König konnte an seine oberste Lehensherrlichkeit erinnern, und der niedere und mittlere Adel sah in der unmittelbaren Bindung an ihn die Möglichkeit, sich etwas Luft gegenüber den Fürsten zu verschaffen.

Eine der wichtigsten Stützen der kaiserlichen Herrschaft des 12. Jahrhunderts, vor allem der Staufer, war die **MINISTERIALITÄT**. Der Kaiser behauptete auch hier, daß Dienstleute eigentlich nur von ihm an die Fürsten verliehen worden wären und daher ihm vor allem Treue schuldeten — und die Ministerialen griffen diese Propaganda gierig auf. Zudem hatte der Kaiser über seine eigenen Ministerialen und über die der Reichskirche Verfügungsgewalt, was allein schon ein gewaltiges Machtpotential war.

So kam es, daß im 12. Jahrhundert die zwei scheinbar völlig verschiedenen Entwicklungsstränge einander wieder näherten. Der französische Adel und die Ministerialität des Reiches übernahmen nicht nur die Funktionen, sondern auch die Kultur des „alten" Adels und verfeinerten sie. Wieder behauptete man, endlich das Niveau der Antike erreicht zu haben, griff viele antike Stoffe in der Dichtung auf und arbeitete sich tatsächlich durch die komplizierte Materie des römischen Rechts, sodaß man auch von einer Renaissance des 12. Jahrhunderts spricht.

Viele der beschriebenen Entwicklungen wirkten sich, vor allem in den Randgebieten des Reiches, erst im 13. Jahrhundert voll aus.

Allerdings fehlte diesem Jahrhundert bereits die elitäre Romantik: Es sah die Macht der Staufer stürzen und die Städte und ihre Krämer mehr und mehr den Ton angeben. Ein Ritter, der seinen Besitz und den Status seiner Familie erhalten wollte, mußte mehr wissen als die Heldensagen, die ihm vielleicht eben erst seine Schreiber festgehalten hatten. Er hatte ein paar Kleriker in der Verwaltung und schickte vielleicht einen seiner Söhne an eine UNIVERSITÄT; wenn er reich war, dann nach Paris oder Bologna. Er mag nicht mit allem glücklich gewesen sein, was der Sprößling da nach Hause brachte.

Florebat olim studium
nunc vertitur in taedium.
Iam scire diu viguit,
sed ludere praevaluit.

Iam pueris astutia
contingit ante tempora,
qui per malevolentiam
excludunt sapientiam.

[Es blühte einst das Studium, heut kehrt es sich ins Bummeln um. Die Wissenschaft galt einst sehr viel, doch heut gilt nur noch das Spiel.

Wie werden heute vor der Zeit die grünen Jungen so gescheit! Der Brotneid macht sich breit im Haus und wirft die Weisheit frech hinaus.

Carmina Burana.]

Adelige Abkunft, ohne ausreichende finanzielle Grundlage, lateinische Bildung und, wenigstens der Form halber, geistliches Berufsziel hatten einen seltsamen Ableger der ritterlichen Kultur hervorgebracht: Die Sauf- und Liebeslieder der VAGANTEN, der Kleriker, die von Wirtshaus zu Wirtshaus oder, als gescheiterte Existenzen, von Stadt zu Stadt zogen.

Meum est propositum
in taberna mori;
vinum sit appositum
sitientis ori.

Ut dicant, cum venerint,
angelorum chori:
„Deus sit propitius
isti potatori.“

[Mein allerletzter Wille ist, in der Taverne sterben; der Wein sei nur herangeschafft, an des Dürstenden Lippen. Damit singen, wenn's soweit ist der Engel alle Chöre: „Gott laß dir angelegen sein die Sache dieses Säufers.“ Carmina Burana.]

◀ 17. Der König erläßt das Aufgebot an den bereits gerüsteten Vasallen (rechts). Dieser bietet seinerseits als Lehensherr seine Lehensmänner auf (links). Eike von Repgow, Sachsenspiegel. Um 1330.

18. Ab dem 14. Jahrhundert wurden die Ritterheere durch die Söldnerheere abgelöst. Die Schweizer Eidgenossen hatten an dieser Entwicklung einen großen Anteil. Den Burgundern und Habsburgern, die sich nicht so rasch umstellen konnten, brachten sie verheerende Niederlagen bei. Diebold Schilling, Berner Chronik I. 1474 bis 1483. ▸

Das 14. Jahrhundert brachte einschneidende Umbrüche, für viele den NIEDERGANG. Ritterheere erwiesen sich als geradezu hilflos gegen die englischen Bogenschützen und die Schweizer Lanzen. Die Pest verschonte auch die Burgen nicht. Wer überlebte, mußte sich in einer Welt des Kommerzes und des Kapitals durchsetzen. Bürger und Bauern, die ihr Geschäft verstanden, wurden reicher als der Ritter, der sich nicht rechtzeitig umgestellt hatte. Aus der Kavalierstour, die dazu diente, weltmännische und höfische Lebensart zu lernen, wurde etwas, das manchmal ziemlich dem Hinauswurf aus dem zu engen Nest glich, wie es dem Oswald von Wolkenstein ging:

Es fueget sich, do ich was von zehen jaren alt,
ich wolt besehen, wie die welt wär gestalt.
Mit ellend, armuet mangen winkel heiss und kalt
hab ich gepaut pei cristen, kriechen, haiden.
Drei pfennig in dem peutel und ain stücklin prot
das was von haim mein zerung, do ich loff in not.
Von fremden, freunden so hab ich manchen tropfen rot
gelassen seider, dass ich want verschaiden.
Ich loff ze fuess mit swärer puess, pis das mir starb
mein vater zwar, wol vierzehn jar, nie ross erwarb.

Es hat wohl dann noch einmal, um 1400 in Süd- und Westeuropa einsetzend, eine gesamteuropäische Adelskultur gegeben, als sich die italischen Stadt-Patrizier mit den burgundischen Adeligen einig fanden: eine Kultur der Reichen, in der das Heldentum endgültig in die Romane verbannt schien, wo die Burgen und die Kathedralen Spitzen ansetzten.

Während SÖLDNER UND LANDSKNECHTE den Ritterheeren blutige Niederlagen zufügten, verfertigten die Plattner für die Repräsentation der Fürsten wahre Kunstwerke an Rüstungen. Während die ersten KANONEN gegossen wurden, denen keine noch so gut gebaute Mauer standhalten konnte, wurden an Burgen riesige Turnierhöfe angebaut, in denen der Adel Ritterspiele abhielt. Während die Fugger den mitteleuropäischen Handel dominierten, versuchte Kaiser Maximilian, selbst ein Fachmann für Kanonen, mit Hilfe der Ritterethik den Adel zu reformieren.

Die gleichen Adeligen, die für sich und ihrer Leute Seelenheil LUTHERISCHE PREDIGER hielten, und zu deren Unterhalt notfalls auch Klöster plünderten, gefielen sich in höfischen Festen.

Ritterorden, dem heiligen Georg gewidmet, das Goldene Vlies als Zeichen tragend oder einen Zopf, wurden, je nach Standpunkt, zu nostalgischen Adelsklubs oder zu letzten verzweifelten Versuchen, in einer neuen, nüchternen Zeit alte Sitten, Gewohnheiten, Vorrechte und ein altes Ethos zu bewahren.

Aus der höfischen Sitte wurden Anstandsregeln für das Verhalten des Kavaliers bei Hof. Der einstige Versuch, für eine halbbarbarische Kriegerschichte eine menschliche, christliche Funktion zu finden, wurde zwecklose Attitüde, die Rüstung zum Kostüm. Diese Darstellung war so prächtig, daß viele von uns in Versuchung fallen, sie für ein Abbild der Wirklichkeit des Rittertums zu halten. Dem soll in den folgenden Kapiteln ein wenig abgeholfen werden.

Was ein Ritter tut

ZEIT UND RAUM sind für uns heute klare Begriffe. Beides ist meßbar, im großen und ganzen hat man sich auf allgemein anerkannte Einheiten festgelegt. Der Streit um die „Sommerzeit" wird als Kuriosum empfunden. Man hat vielleicht noch etwas von einer psychologischen Zeit gehört: Die Minuten „dauern" verschieden, je nachdem, ob man auf die Liebste wartet oder mit ihr beisammen ist.

Geschichtszeit erleben wir auf zweierlei, ganz verschiedene Weise. Soweit die Vergangenheit unsere Vergangenheit ist, wird sie an Personen und Ereignisse geknüpft. „Das war, als . . .", diese Angabe muß nicht mit objektiven Daten versehen sein. Die erzählte und erinnerte Geschichte dauert in der Regel drei Generationen: Großvater, Vater und Sohn. Alles Frühere war „immer schon". Zugleich wissen wir natürlich auch von der „richtigen" Geschichte, die, seit sie ein Bestandteil des wissenschaftlichen Weltbildes ist, sorgsam an die Kette der Jahreszahlen gebunden wurde, ohne Anfang und mit einem nur vorläufigen Ende in der Gegenwart.

Der Mensch der germanischen Sage hat die Zeit offenbar als etwas Elementares empfunden, wie Wasser, Luft und Erde. Der Anfang, die Geburt der Götter, und das Ende, der Weltenbrand, waren ihm bekannt. Doch bewegte sich für ihn nicht die Welt zielgerichtet von einem zum andern: das Kolossalgemälde war eher Erklärung für den Zustand des Jetzt, der Weltenlauf konnte sich ebenso in Zyklen vollziehen. Die Geschichtszeit wurde sofort verarbeitet zum Mythos, der aber gänzlich ungeschichtlich ist: Hat er doch die Aufgabe, vom Wesen der Welt zu erzählen, nicht so sehr, wie es ihr ergangen ist.

Dem Menschen der Antike ging es nicht viel anders. Dort, wo ihm der Verstand den Weg aus dem Mythos zeigte, fand er die Vorstellung einer ewigen Wiederkehr. Diese Vorstellung wurzelt im Naturerlebnis: Die Wiederkehr der Sonne, im Kreis des Tages wie des Jahres, gilt als Vorbild für die Zyklen von Geburt und Tod, von Aufstieg und Verfall der Macht.

„Was aber ist die Zeit? Wenn mich niemand darnach fragt, dann weiß ich es; soll ich es aber einem Frager klarmachen, dann weiß ich es nicht; trotzdem aber behaupte ich voll Selbstvertrauen, ich wüßte, daß es keine Vergangenheit gäbe, wenn die Zeit nicht abliefe, und keine Zukunft, wenn nichts herankäme, und keine Gegenwart, wenn nichts gegenwärtig wäre." [Augustinus, Bekenntnisse 11, 14.]

DAS JÜDISCH-CHRISTLICHE WELTBILD hat die Zeitvorstellung grundsätzlich geändert. Der jüdische Gott ist ein geschichtlicher Gott, der ein Bündnis mit seinem Volk eingegangen ist und sein Volk aus Ägypten herausgeführt *hat*. Konkret angebbare Taten Gottes, in geschichtlicher Folge erzählbare Schicksale der Menschen, ein Schöpfungsakt am Anfang und die

Herabkunft eines Messias am Ende. So klar aber in der jüdischen Tradition die Vergangenheit ist — unzählige Male hat man aus dem Alten Testament die Erschaffung der Welt berechnet —, so verschwommen ist das Ziel der Geschichte. Denn ursprüngliches Ziel war der Erwerb des Gelobten Landes und die Legitimation seines Besitzes als von Gott gegeben. Was sollte danach noch kommen, wenn man Kanaan erreicht hatte?

Das Christentum vollendete das zielgerichtete, teleologische Weltbild. Zu einem bestimmten, genau festgelegten Zeitpunkt — unter Augustus, als Quirinus Statthalter von Syrien war — haben sich die Zeitlosigkeit Gottes und die Weltzeit berührt. Die Geschichte ist klar geteilt in ein Vorher und Nachher, und die Apokalypse weiß von ihrem Ende.

Die gleiche Vorstellung wird von den Bildern der Weltalter und der Weltreiche genährt, wie sie sich in der Bibel und in ihrem Umfeld finden: Das Reich des Vaters, des Sohnes und des Heiligen Geistes, *ante legem, sub lege, sub gratia* (vor dem Gesetz, unter dem Gesetz, unter der Gnade), oder der Traum Nebukadnezars von der Statue mit dem goldenen Haupt, der silbernen Brust, der erzenen Hüfte und den Füßen aus Ton und Eisen (Dan. 2, 31). Immer wird eine Entwicklung, ein Ziel in der Geschichte gesehen. Wenn man nun dieses Ziel — natürlich untheologisch — in die Geschichte selbst legt, so kann man aus diesen Bildern wunderschöne Rechtfertigungen für die eigene Herrschaft lesen: Das eigene Reich ist dann immer das letzte, geschichtsnotwendig gewordene, ehe Gott selber kommt; das Dritte Reich *(sub gratia)* des Joachim von Fiore († 1202).

Das mittelalterliche Weltbild war eine komplizierte Vermengung all dieser Vorstellungen. Am unmittelbarsten erlebte man den JAHRESKREIS. Eine agrarisch strukturierte Gesellschaft ist nun einmal vom Rhythmus der Jahreszeiten abhängig. Die Kirche hat mit ihrem Festkreis nur den heidnischen abgelöst. Zum Bauernjahr mit seinen Festpunkten, die sich an Aussaat und Ernte, Geburt und Schlachtung orientieren, tritt das Kirchenjahr, das vom Advent bis Pfingsten die Geschichte des Heiles vorstellt.

Diesem Rhythmus waren alle Lebensbereiche und alle Bevölkerungsschichten unterworfen. Größere Versammlungen etwa konnten nur zu Jahreszeiten stattfinden, in denen man viele Leute versorgen konnte. Schon König Pippin mußte nach der Umstellung auf ein Reiterheer die alljährliche Musterung der Franken vom März auf den Mai verlegen: Die Pferde brauchten sattes Gras.

Wenn man weiß, daß noch der Beginn des Ersten Weltkrieges unter anderem deswegen verzögert wurde, weil man die Soldaten nicht vorzeitig von der Ernte abziehen wollte, wird man nicht erstaunt sein, daß auch im Mittelalter in der Regel Krieg nur zu bestimmten Jahreszeiten stattfand. Am besten kämpfte sich auf gemähten Stoppelfeldern, wenn die Scheunen der Bauern voll waren. Im Winter blieb man zu Hause, denn Transport und Verpflegung warfen nahezu unlösbare Probleme auf.

Auch das Kirchenjahr gestaltete das Leben. Weihnachten und Ostern traf man sich bei Hofe, um die hohen Feste zu feiern. Advent und Fasten waren lang; während dieser Zeit durften auch keine Hochzeiten stattfinden.

Schließlich setzte die Kirche sogar durch, daß während der hohen Festtage alle Fehden ruhten und ein Gottesfrieden herrschte.

Der WINTER war eine schwere Jahreszeit. Auch auf der Burg gab es nur wenige Räume, die hinreichend warm zu halten waren. Dort drängte sich alles zusammen. Oft waren in einem Turm zuunterst das Vieh, dann Dienerschaft und Küche und darüber die Herrschaft zusammengepfercht. Alles hatte seinen Geruch, und die Fenster waren zum Schutz vor der Kälte mit Brettern verschlagen.

Durch Aragón, Kastilien,
Granada und Navarra,
von Portugal bis nach León,
zum Cap Finisterre,
Marseille und die Provence —
bin ich gefahren —
in Ratzes vor dem Schlern,
da sitz ich fest, im Ehestand,
da mehre ich mein Mißvergnügen
höchst verdrossen,
auf einem Felsklotz, rund und steil,
von dichtem Wald umschlossen.
Ich seh' hier zahllos, Tag um Tag:
nur Berge, riesig, Täler tief,
und Felsen, Stauden, Schneestangen.
Und noch etwas bedrückt mich hier:
mir hat das Schreien kleiner Kinder
die Ohren oft betäubt,
nun durchbohrt.
Was mir an Ehrung ward zuteil
durch Fürsten, „manig" Königin
und was ich so an Schönem sah,
das büß ich ab in diesem Bau.
Mein Unheil hier —
es zieht sich lange hin!
Ich bräuchte sehr viel Mutterwitz:
muß täglich sorgen für das Brot!
Dazu werd ich noch oft bedroht.
Kein schönes Mädchen tröstet mich!
Die früher auf mich hörten,
sie lassen mich im Stich.
Wohin ich schau: es stößt der Blick
auf Schlacke teuren Schmucks.
Kein feiner Umgang mehr, stattdes:
nur Kälber, Geißen, Böcke, Rinder
und Bauerndeppen, häßlich, schwarz,
im Winter ganz verrotzt.
Macht froh wie Pansch-Wein, Wanzenbiß . . .
In der Beklemmung hau ich oft
die Kinder in die Ecken.
Da kommt die Mutter angewetzt,
beginnt sogleich zu zetern.
Gäb sie mir eines mit der Faust,
ich müßt auch das erdulden!
Sie schreit: „Die Kinder hast du ja
ganz fladenflach geschlagen!"
Vor ihrem Zorne graust mir sehr,
ich spür ihn wahrlich oft genug,
scharf, mit Scheiten!

An Unterhaltung fehlt es nicht:
viel Eselschreien, Pfauenkreischen —
davon hab ich die Nase voll!
Mir tost der Bach mit Hurlahei
den Kopf entzwei —
er ist schon völlig wund!
So schlepp ich meine Last . . .
Nur Sorgen täglich, schlimme Nachricht,
davon wird Hauenstein nicht leer!
Ja, könnt ich's ändern — ohne Folgen!
Wer mir hilft —
auf ewig sagte ich ihm Dank.

Mein Landesfürst ist auf mich bös,
weil kleine Geister mich beneiden.

[Oswald von Wolkenstein, übersetzt von Dieter Kühn, 390 f.]

Man wird sich denken können, daß in etwas gepflegteren Häusern als dem Oswalds die Chancen langer Wintertage besser genutzt wurden. In den Frauenräumen, die auf jeden Fall geheizt sein sollten, spielte sich ab, was man an Kultur zu bieten hatte. Gesang und Tanz, Spiel und Lektüre oder lange Erzählungen, die auch der Unterweisung über die Größe des eigenen Adelshauses dienten.

Eine Möglichkeit zum Ausbruch war die Jagd, im Winter vor allem mit den Falken. Eine andere Möglichkeit, nach dem Advent, ein Fest: Da wurden mit Vorliebe HOCHZEITEN ausgerichtet. Das war eine komplizierte Sache. Lange mochte schon überlegt worden sein, wer zu wem paßte — nicht als Personen, sondern als Vertreter ihrer Familie und deren Politik. Man konnte mit Ehen Bündnisse festigen und Frieden schließen. Schwierigkeiten konnte es geben, wenn die Verbindung über die Grenzen eines Fürstentums oder einer Herrschaft hinausging. Dann mußte unter Umständen, wenn die Ehepartner Ministeriale waren, im voraus bestimmt werden, wem die Kinder aus dieser Ehe zu dienen hätten; sie wurden „geteilt".

War man sich im Prinzip einmal einig, begann erst das Feilschen um Mitgift und Morgengabe. Das eine wurde oft als Erbteil der Frau verstanden, das andere diente meist der Witwenversorgung. Da es im frühen und hohen Mittelalter, innerhalb der Naturalwirtschaft, nicht um Geld gehen konnte, wurden der Frau bestimmte Güter angewiesen, deren Einkünfte ihr gehörten.

Im Prinzip begab sich DIE FRAU von der Vormundschaft des Vaters *(munt)* in die des Mannes. Die Stellung der Frau in der Familie

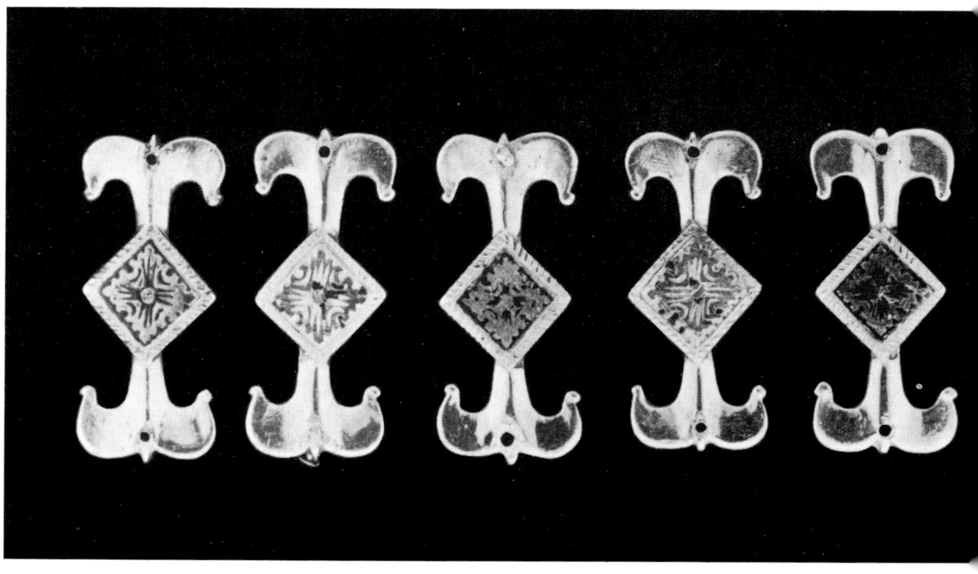

19. Zur Repräsentation gehörte auch eine prächtige Gewandung. Diese Gürtelteile stammen aus einem erst 1978 in der Judengasse in Salzburg aufgefundenen Schatzfund. Um 1240 (Originalgröße). ▶

hing sehr stark von ihrer Herkunft ab. Eine Dame hatte eine vielfältige Ausbildung hinter sich: Große Teile der Verwaltung des Haushaltes lagen in ihren Händen, und der Haushalt bestand nicht aus einer Kleinfamilie, sondern aus der Familie des Herren samt dem höheren und niederen Dienstpersonal und der Mannschaft, soweit diese nicht auf eigenen, kleineren Burgen oder festen (steinernen) Häusern draußen in den Dörfern saß. Zum Haushalt gehörte nicht nur die Küche, sondern auch die Pflege des Hausgartens samt den Kräutern. Ein wenig Medizin, ein wenig Hygiene, sehr viel Aberglaube für ihren eigensten Bereich. Öfter als die Männer konnten die Damen lesen, daher waren sie es auch, welche die Gesprächspartner von Klerikern und Dichtern waren; sie verstanden etwas von *buoch und seitspiel.*

Dennoch: wer immer gelernt hat, aus den heutigen Überresten der Burgen, an denen Generationen herumgebaut haben, den mittelalterlichen Kern zu erkennen — oft nur ein Wohnturm und Stallungen innerhalb der Mauern —, wird nachfühlen können, was Walther von der Vogelweide dichtete:

Möhte ich verslâfen des winters zît!
wache ich die wîle, sô hân ich sîn nît,
daz sîn gewalt ist sô breit und sô wît.
weizgot er lât ouch dem meien den strît:
sô lise ich bluomen dâ rife nû lît.

[Könnte ich nur den Winter verschlafen! Solange ich wach bin, groll ich ihm, weil er so weit und breit herrscht. Aber, weiß Gott, er wird dem Mai schon noch das Feld räumen. Dann pflück ich Blumen, wo jetzt der Reif liegt; II 39, 6.]

Man muß sich in einen Menschen hineinversetzen können, der zu seiner Existenz Bewegungsfreiheit braucht. Wer hinter den Weiberröcken bleibt, *verliget* sich. Dann erklärt sich auch, wie ein eher rauher Kerl wie Oswald von Wolkenstein zu einer derart feinen Naturbeobachtung kommt — man müßte das

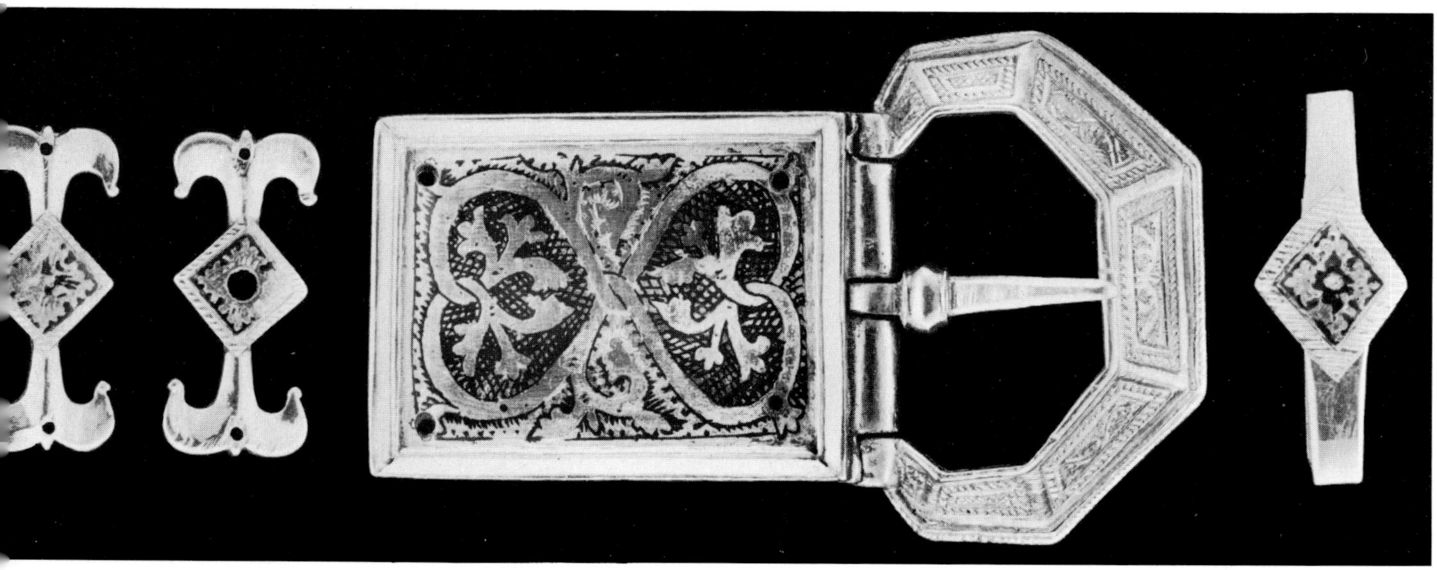

▲ 20. Orientalische und byzantinische Stoffe waren auch Bestandteil eines gehobenen Lebensstils. Dieses orientalische Stoffragment zeigt unten einen Falkner, der in der rechten Hand die Beute trägt. 10. bis 11. Jh.

Lied allerdings, um es voll zu genießen, gesungen hören:

Der mai mit lieber zal
die erd bedecket überal, pühel, eben, perg und tal.
auss süessen voglin schal erklingen, singen hohen hal
galander, lerchen, droschel, nachtigal.
der gauch fleucht hinden hinnach zue großem ungemach
klainen vogelein gogelreich. höret wie er sprach:
„cu cu, cu cu, cu cu,
den zins gib mir, den wil ich han von dir.
der hunger macht lunger mir den magen schier."
„ach ellent! nu wellent sol ich?" so sprach das klaine vich.
küngel, zeisel, mais, lerch, nu kum, wir singen: oci
und tu ich, tu ich, tu ich, tu ich,
oci oci, oci oci, oci oci, fi,
fideli, fideli, fideli, fi,
ci cieriri ci, ci cieriri ci, ri ciwick cidiwick,
fici, fici.

[Der Mai bedeckt mit schönem Reichtum die ganze Erde, Hügel, Ebene, Berg und Tal. Von zarten Vöglein tönt und klingt es; hoch oben singen Haubenlerche, Feldlerche, Drossel, Nachtigall. Der Kuckuck fliegt hinterdrein und bedrängt die kleinen lustigen Vöglein. Hört, was er sagte: „Kuku, kuku, kuku, zahl mir die Steuer, die will ich von dir haben. Der Hunger läßt meinen Magen gleich begehrlich werden." „Ach weh! Wohin soll ich nun?" sprach da das kleine Getier. Zaunkönig, Zeisig, Meise und Lerche, nun kommt, wir wollen singen: . . .]

Die zahllosen Frühlingslieder sind nicht nur Ausdruck einer Mode. Es muß für diese Menschen alle Jahre wieder ein elementares Ereignis gewesen sein, ein Gefühl der Befreiung.

Ecce gratum
et optatum
ver reducit gaudia.
purpuratum
floret pratum,
sol serenat omnia.
iamiam cedant tristia!
aestas redit,
nunc recedit
hiemis saevitia.

[Auf, zu grüßen Lenz, den süßen! Freude hat er wiederbracht. Blumen sprießen auf der Wiesen, und die liebe Sonne lacht. Nimmer sei des Leids gedacht! Von dem jungen Lenz bezwungen, weicht des Winters grimme Macht.
Carmina Burana.]

ZWISCHEN OSTERN UND PFINGSTEN ist eine hohe Zeit des Ritters. Der Enge des Winters und den Beschränkungen des Fastens entronnen, bereiten sich Mensch und Tier darauf vor, bei Spiel und Krieg wieder eine gute Figur zu machen. Man mußte sich bereithalten, denn der Herr zog sicher einmal im Laufe des Frühjahrs ZU HOF. Der König, der Fürst wollte Heerschau halten, sehen, wieviel Mannschaft seine Leute aufbrachten und wie gut sie gerüstet und ausgebildet waren. Davon erzählte noch Goethe:

Pfingsten, das liebliche Fest, war gekommen; es grünten und blühten
Feld und Wald; auf Hügeln und Höhn, in Büschen und Hecken
Übten ein fröhliches Lied die neuermunterten Vögel;
Jede Wiese sproßte von Blumen in duftenden Gründen,
Festlich heiter glänzte der Himmel und farbig die Erde.
Nobel, der König, versammelt den Hof, und seine Vasallen
Eilen gerufen herbei mit großem Gepränge; . . .
[Reineke Fuchs, Beginn des ersten Gesanges.]

DIE REISE dauerte je nach Entfernung mehrere Tage. Im Notfall konnte selbst ein gerüsteter Haufen rasch vorwärtskommen, aber der Zug wird wohl nicht auf dem schnellsten Wege gegangen sein. Freunde besuchte man, tauschte Neuigkeiten aus, Feinde vermied man. Man traf zwar schließlich auf die königliche Straße, auf der ein Friede lag, aber Gelegenheit macht Diebe.

Wann immer es ging, verbrachte man die Nacht auf eigenem Besitz. Durch Tausch und Kauf hatte man (ein Bischof, ein Abt, ein adeliger Herr) seit Generationen darauf gesehen, daß man an den wichtigsten Wegen, die man regelmäßig ziehen mußte, auch Besitzungen hatte. Waren eigene Güter zu fern, suchte man ein Kloster auf, mit dem die Familie in freundschaftlichen Beziehungen stand. Dort waren vielleicht Verwandte, Mönche oder Nonnen, vielleicht lag da ein Grabmal eines Familienmitgliedes. Jedenfalls hatte schon eine ganze Reihe von Mitgliedern der Familie dem Kloster Güter geschenkt, um zu bestimmten Tagen besondere oder, unter den Stiftern, allgemeine Fürbitte zu erlangen — und eben Gastung, wann es nottat. Eine solche Gastfreundschaft konnte für ein Kloster eine schwere Last sein, wenn der Herr mit seinem ganzen Gefolge eintraf.

Wenn man sich eine historische Karte etwas genauer ansieht, wird man bemerken, daß Klöster vorzugsweise an Straßen gegründet worden sind, besonders gerne nahe von Grenzen. Man brauchte verläßliche Leute dort, eine gut gepflegte Mannschaft, und sichere Gastfreundschaft. Ein Sonderfall waren die Hospize auf den Pässen, die besonders für die Versorgung von Pilgern und Reisenden gegründet wurden. So mancher Adelige stiftete vorsorglich an so ein „Spital", um jederzeit Aufnahme zu finden.

Kam man auf Eigengüter oder Lehen, wurden sie inspiziert. War die Entfernung zum Hauptsitz sehr groß und der Ertrag des Gutes schwer in Geld umsetzbar, war diese „Gastung" für den Herren manchmal die einzige Möglichkeit, aus einem Gut Nutzen zu ziehen.

Von den verschiedenen Dörfern und Märkten stießen die einfachen Ritter nach und nach zur Mannschaft. Lag eine Burg am Wege, die dem Herren gehörten, so hatte der Burghauptmann sicher längst den Befehl, den Empfang der Gäste vorzubereiten. Sonst vergaß er am Ende, da er das ganze Jahr über eigentlicher Gebieter über die Burg und die dazugehörigen Besitzungen war, daß sie nicht ihm gehörten, sondern er nur Dienstmann war. Manch einer hatte so angefangen, der jetzt selber ein großer Herr war.

Die ritterliche Schar richtete es oft so ein, daß sie am Vorabend der Ankunft möglichst in der Nähe des Zieles Unterkunft fand. So läßt sich zum Beispiel beobachten, daß fast alle bedeutenden Gäste, die aus dem Westen nach Wien kamen, in Klosterneuburg Station machten. Von dort brauchte man damals nicht ganz einen halben Tag nach Wien. Ähnliche Stützpunkte können wir auch an anderen Stadteinfahrten vermuten.

Man wollte in geordnetem Zug und weithin erkennbarer Pracht in der Stadt einziehen, nicht verstaubt von der Landstraße. Alles, was viele Leute sehen konnten, war Politik.

An einem pfinxtmorgen sah man für gân
gekleidet wünneclîche vil manegen küenen man,
fünf tûsent oder mêre dâ zer hôhgezît.
sich huop diu kurzewîle an manegem ende wider strît.

[Am Morgen des Pfingstfestes konnte man viele tapfere Helden in wunderbaren Kleidern zum Fest kommen sehen. Es waren wohl fünftausend oder sogar noch mehr. Sie begannen untereinander zu wetteifern, wer sich am besten unterhielt.
Nibelungenlied 271.]

DER HOFTAG konnte vielerlei Anlaß haben: ein Hochfest möglichst prächtig zu begehen; politische Besprechungen abzuwickeln; oft war ein Gerichtstag damit verbunden. Dabei stellte sich die ritterliche Gesellschaft in ihren Fähigkeiten und Rangordnungen selbst dar. Das war auch im Grund der Sinn der Turniere: Das Fest und der Festzug waren Elemente einer optischen Massenkommunikation, wie sie heute das Fernsehen wahrnimmt.

Als Krimhild und Brünhild — sie sahen gerade einem Turnier zu — in Streit gerieten, wer den besseren Mann hätte, war das nicht nur ihre Privatsache. Denn wenn sich herausstellen sollte, daß Siegfried nicht des Königs Freund, sondern sein *eigen mann* sei, so hätte das auch für Siegfrieds Gefolgsleute unabsehbare Folgen gehabt: Sie wären plötzlich von Königsleuten zu Leuten eines Dienstmannes abgesunken, eine ganz entscheidende Standesminderung. Hatten doch gerade die Ministerialen immer wieder daran festgehalten, daß sie „eigentlich" vom Reiche dem Land nur verliehen wären, denn ansonsten wäre es viel-

21. Lesende Dame.
Gebetbuch Karls des
Kühnen oder Stundenbuch
der Maria von Burgund.
Flamen, 1470 bis 1480. ▶

◀ 22. Rennzeug mit Brechschild und Renntartsche. Um 1500.

leicht schwierig gewesen, den adeligen Anspruch zu bewahren.

ein dienstman haben sol ze reht
ritter und edel knehte,
die gern unde rehte
im dienen eigenlîche.
gehoert er zem rîche
und hât dienstmannes namen,
des darf er sich ninder schamen.
er sol dannoch haben mêr
von dem rîch, des hât er êr:
daz er vogt der goteshûse sî,
und ûf sînem eigen frî
sol er von dem rîche hân
stoc, galgen unde ban.

[Ein Dienstmann soll von Rechts wegen Ritter und Edelknechte haben, die gerne und richtig ihm dienen. Gehört er zum Reich und ist Dienstmann, braucht er sich dessen nicht schämen; denn er soll vom Reich mehr haben, was ihm Ehre bringt: Er kann Vogt von Kirchen sein, und vom Reich soll er auf seinem Eigen frei die hohe und niedere Gerichtsbarkeit haben.

Seifried Helbling 8, 30 ff.]

So hätten es die österreichischen Ministerialen am Ende des 13. Jahrhunderts gerne gesehen. Aber schon ein Jahrhundert früher, als das Nibelungenlied entstand, ging es um ähnliche Rangprobleme, die in ihren Folgen tief in das Leben der Menschen eingriffen. Darum mußte, was wie ein bloßer Weiberstreit begonnen hatte, vor den Augen aller Betroffenen öffentlich vor dem Münster entschieden werden:

Du muost daz hiute schouwen, daz ich bin adelvrî,
unt daz mîn man ist tiwerr danne der dîne sî.

[Du wirst heute gewahr werden, daß ich aus freiem Geschlecht stamme und mein Mann sogar edler ist als deiner.

Nibelungenlied 828.].

Wer genau auf die beiden Texte achtet, merkt, daß es in beiden Fällen um ständische ABGRENZUNGSPROBLEME geht. Zur Zeit des Nibelungenliedes, um 1200, versucht sich — vergeblich — der „alte" Adel *(adelvrî)* von der aufsteigenden Ministerialität abzugrenzen *(eigen mann)*. Ein Jahrhundert später hat sich die höhere Ministerialität selber nachdrängender sozialer Gruppen zu erwehren.

Die allgemein akzeptierte Teilnahme an öffentlichen Handlungen, etwa an TURNIEREN, welche Adeligen vorbehalten blieb, war eine Gelegenheit, seinen Rang öffentlich zu dokumentieren. Vieles davon kommt uns heute wie bloßer Mummenschanz vor.

Dar nâch nu hoeret wiez geschach.
ein tac wart sâ hin ze Frisach
gemachet nâch der fürsten clage,
reht an sand Philippen tage,
sô der maye alrêrst in gât
und daz der walt geloubet stât
und ouch diu heid hât an geleit
ir wunneclichez sumercleit.
Dô ich des tages wart gewar,
ich wart sîn frô von herzen gar.
ich kom sâ zuo dem bruoder min,
der ouch kan wol ein ritter sin.
ich sprach ‚Dietmâr von Lichtenstein,
wir süln werden des enein
daz wir dâ brüeven ritterschaft:
dar kumt von herren grôzin craft.'
Er sprach ‚du hâst gerâten wol:
ich volg dir gerne als ich sol.
wir suln uns bêde des bewegen,
mit rittern in ein fôreis legen;
und al die wîle der tac dâ were,
swer an uns ritterschefte gere,
daz er der werd von uns gewert

◀ 23. Kaiser Maximilian im Turnierkampf, um 1512, Illustration aus dem Versepos „Freydal".

24. Turnier. Tristan und Isolde. Anfang 15. Jh. ▶

swie er wil und swie er gert.
Mîn wâppenroc, mîn decke was
von samît grüene als ein gras:
mîn schilt, mîn helm was grüene gar,
und mîniu zwelf sper grüen gevar,
mîn knehte grüen, ir pferd alsam:
ein grüenez sper ich selbe nam
mit hôhem muot in mîne hant:
ich reit dâ ich tjostiren vant.

[Hört nun, wie es sich hernach zutrug: Aufgrund der Klage der Fürsten wurde nach Friesach ein Gerichtstag geboten, und zwar am Tag des heiligen Philipp, anfangs Mai, wenn der Wald sich belaubt hat und die Heide ihr heiteres Sommerkleid angelegt hat.

Als ich von dem Tag erfuhr, wurde ich darüber von Herzen froh. Ich kam rasch zu meinem Bruder, der auch als rechter Ritter gelten kann. Ich sprach: Dietmar von Liechtenstein, wir sollen darüber einig werden, daß wir dort die Ritterschaft erproben: Dorthin kommt eine große Schar von Herren.

Er sprach: Du hast einen guten Rat gegeben. Ich folge Dir gerne, wie es sich für mich ziemt. Wir sollten uns beide vornehmen, mit Rittern in einem Forst Stellung zu beziehen; wer immer, so lange der Tag währt, von uns Ritterkampf verlangt, dem soll er von unserer Seite gewährt werden, auf welche Weise auch immer er es verlangt.

Mein Waffenrock und meine Decke waren aus Samt, grün wie Gras mein Schild und mein Helm waren ganz grün, meine zwölf Speere grün gefärbt, meine Knechte waren grün und ebenso ihre Pferde. Voll stolzer Gesinnung nahm ich selbst einen grünen Speer in die Hand: Ich ritt dorthin, wo ich eine Tjoste (ritterlicher Zweikampf mit dem Speer) fand.]

Dô ich den perc reit hin zetal,
die grôier riefen überal

▲ 25. Albrecht Dürer, Das welsche Gestech. Um 1516.

‚wâ nu ein ritter, wâ nu wâ?'
des was unnôt: wan ich vant dâ
wol hundert ritter oder mê,
die tâten alle ein ander wê
mit ritterlicher arbeit.
mit grôzem schalle ich zuo in reit.
Daz niemen dâ erkande mich,
des freut mîn tumbez herze sich.
ez kom gein mir der bruoder mîn:
der sprach ‚ich sol der êrste sin,
den ir bestât hie, ritter guot.
ez ist mîn ger daz ir daz tuot.'
ich swaic und wande von im dan,
dâ mich bestuont ein biderb man.
Der was von Tûfers Hûc genant:
er fuort ein sper in sîner hant.
er und daz sper was wünneclich
gezimirt, er was muotes rîch.
din tjost wart ritterlich geriten
und vælen bêdenthalp vermiten.
er traf mich an daz collir mîn,
und ich in an den helm sîn.
Die sprîzeln harte hôhe flugen.
din linte zuo durch schouwen zugen.
er und ich wol zehen sper
verstâchen.

[Als ich den Berg hinunter ins Tal ritt, schrien überall die Ausrufer: Wo ist nun ein Ritter, wo? Das war überflüssig, denn ich fand dort etwa hundert Ritter oder mehr, die einander im Ritterhandwerk Schaden zufügten. Mit großem Lärm ritt ich zu ihnen hin.

Mein schlichter Sinn freute sich, daß mich dort niemand erkannte. Mein Bruder kam mir entgegen; er sprach: Ich werde der erste sein, den Ihr, edler Ritter, bestehen müßt. Es ist mein Wunsch, daß Ihr dies tut. Ich schwieg und wandte mich von ihm ab, dorthin, wo mir ein wackerer Mann entgegentrat.

Der wurde Hugo von Taufers genannt. Er hielt einen Speer in seiner Hand. Er und sein Speer waren wunderbar geziert, er war voll Tapferkeit. Die Tjoste wurde ritterlich geführt; beide vermieden es, danebenzustechen. Er traf mich am Halsring, ich ihn an seinem Helm. Die Späne flogen sehr hoch. Die Leute strömten herbei, um zu schauen. Er und ich, wir verstachen wohl zehn Speere.

Ulrich von Liechtenstein, Frauendienst, über das Friesacher Turnier 1224.]

Damit der Hintergrund des festlichen Zeremoniells von möglichst vielen Menschen verstanden werden konnte, brauchte man deutliche und weithin sichtbare ZEICHEN. Man unterscheidet solche, bei denen der Träger seiner Phantasie freien Spielraum lassen konnte, wie die grüne Farbe bei Ulrich oder die zahllosen Helmzierden (vgl. Abb. 55), und andere, bei denen man sich nach bestimmten Regeln richten mußte. WAPPEN konnte man nicht beliebig tragen. Sie waren Kennzeichen einer Familie und ihres Ranges und wurden auch auf den Siegeln geführt. Ihre Symbolwelt ist vielfältig wie ihr Ursprung. Ein guter Herold kannte alle, ein wohlunterrichteter Adeliger tat gut daran, sich die wichtigsten zu merken, damit er wußte, mit wem er es zu tun hatte.

Ritterliche Gefolgsleute hatten oft einen gespaltenen Schild: in der einen Hälfte das eigene, in der anderen das Wappen des Herren. Zusammengehörige erkannte man an der ähnlichen Ausstattung.

Bei der Schlacht von Mühldorf, 1322 zwischen dem Habsburger Friedrich dem Schönen und Ludwig dem Bayern, hat ein verhängnisvolles Mißverständnis zur Niederlage Friedrichs beigetragen: Als eine Gruppe von Rittern sich dem Schlachtfeld näherte, welche Pfauenstöße auf den Helmen trug, meinte der Habsburger, es wären endlich die erwarteten Hilfstruppen von seinem Bruder. Denn Pfauenstöße waren schon seit der Babenbergerzeit ein beliebtes Kennzeichen der Österreicher. Doch diesmal hatten Bayern diesen Helmschmuck benützt, vielleicht sogar wirklich als Kriegslist.

Friedrich wurde bei jener Schlacht gefangengenommen. Der Kampf war ausgebrochen, weil sowohl er wie auch Ludwig zum König gewählt worden waren. Abt Johann von Viktring berichtet, der Bayer hätte mit Friedrich verhandelt und ihn dann freigelassen, damit er seinen Bruder Leopold überredete, einem Kompromiß zuzustimmen.

▲ 27. Turnier-Reiter. Um 1500. Kinderspielzeug. (Siehe auch Abb. 72.)

◀ 26. Zweikämpfe dienten der körperlichen Ertüchtigung und — im Ernstfall — der Wahrheitsfindung in Form eines Gottesurteils. Tristan und Isolde. Anfang 15. Jh.

Als ihm dies nicht gelang, stellte sich Friedrich der Schöne, wie er es versprochen hatte, wieder in München. So verlangte es die Ritterehre.

Kehren wir zum Jahreskreis zurück. Der *hochgezît* des Frühjahrs folgte eine Atempause im ritterlichen Alltag. Die meisten kehrten zurück auf ihre Burgen und Ansitze. Der wichtigste, aber auch der unritterlichste Teil des Jahres stand bevor: **SOMMERARBEIT** und Erntezeit. Natürlich wird ein Adeliger nicht selber zugegriffen haben. Auf dem Herrengut oder dem Meierhof aber werden die waffentragenden Knechte wohl zeitweise das Schwert mit Sense und Sichel vertauscht haben. Wer die Ernte nicht überwachte, konnte nie sicher sein, ob er auch genügend Abgaben bekam. Ein Ritter, der nichts von der Landwirtschaft verstand, nagte zu Friedenszeiten bald am Hungertuch, auch wenn er seinen Aufstieg dem Herrendienst verdankte. Dauerhafter Besitz konnte nur in Grund und Boden bestehen, samt den Leuten, die ihn verwalteten und bebauten.

Der Sommer war auch die Jahreszeit der **HÄNDLER**. Nur in dieser Jahreszeit waren die **STRASSEN** für ihre Saumtiere und zweirädrigen Karren benützbar. Bis ins späte Mittelalter waren es fast nur Luxusgüter, für die sich der Fernhandel auf dem Landweg lohnte. Die Straßen waren schlecht und gefährlich, und alle paar Kilometer, sicher aber auf jeder Brücke, befand sich eine Zollstelle. Sie war eingerichtet worden, um die Straßenerhaltung zu sichern: Später aber galt der Zoll für den Herrn als Einkunft wie andere auch. Wein, Gewürze und Seide kamen aus dem Süden, Wolle und Tuche aus dem Westen über die

◂ 28. Die Jagd gehörte sicherlich zu den Hauptbeschäftigungen des mittelalterlichen Adels. Sie diente in erster Linie dem Zeitvertreib und erst in zweiter Linie dem Nahrungserwerb. Gaston Phoebus, Le livre de la chasse. Frankreich, 1387 bis 1389.

Umschlagplätze der großen Messen in Flandern und der Champagne, Pelze und Bernstein aus dem Norden. Nur Salz wurde seit Jahrtausenden über große Strecken hin verfrachtet. Aber Anteile an den Sudpfannen besaßen nur Fürsten, Bischöfe und große Klöster. Nahrungsmittel waren nur in beschränktem Maß transportierbar: Getreide fast nur auf dem Wasserweg; Vieh dann, wenn es getrieben werden konnte, wie etwa der Fleischnachschub aus Ungarn für den Wiener Markt. WEIN lohnte immer Anstrengungen. Ohne ihn war ein Leben auf der Burg und im Kloster nicht denkbar. Im Dorf trank man andere gegorene Säfte, Met und Bier.

Zur Gerechtigkeit muß gesagt werden, daß man den Wein nicht nur des Saufens wegen brauchte — obwohl eine Geschichte des Trin-

30. Offensichtlich endeten viele Jagden bei einem Mahl unter freiem Himmel, zumindest wurde diese Szene häufig dargestellt. Trient, Adlerturm. Aus dem Monatsbild des Mai. ▼

▲ 29. Beim Jagen bediente man sich gerne des Falken. Ein berühmtes, geradezu wissenschaftliches Werk schrieb Kaiser Friedrich II. Aus einer Prachthandschrift dieses Werkes, die seinem Sohn Manfred gehörte, stammt diese Bilderfolge. Wenn ein Falke nervös ist, soll man versuchen, ihn zu beruhigen. Man kann ihn auf die Faust nehmen und knabbern lassen, oder man besänftigt ihn mit Lockrufen. Wenn dies alles nichts hilft, so animiere man ihn zu einem kühlen Bad, indem man mit einem Stecken das Wasser quirlt. Kaiser Friedrich II., De arte venandi cum avibus. Um 1260.

kens im Mittelalter dicke Bände füllen würde. Man trank auch selten pur, sondern mischte mit Wasser und würzte den sauren Rebensaft. Aber hätte man sich mit Wasser begnügen sollen? Das wäre unter Umständen gefährlicher gewesen, als man heute ahnt: Was die Umweltverschmutzung betrifft, stand das Mittelalter der Gegenwart kaum nach. Man muß die UMWELT ja auf die bewohnte, kultivierte Umwelt beziehen, und die war rasch verschmutzt. Die Böden ausgelaugt, aller Mist vor dem Haus, die Brunnen seicht und das Wasser der Zisternen abgestanden. Mensch und Tier bedienten sich desselben Rinnsals für alle möglichen Zwecke.

So war der Sommer heiß, staubig und voll Arbeit. Keine Zeit, um Heldentaten zu vollbringen. Aber eine Zeit für moralische Exempel und Predigten. Daher ist uns wenig Dichtung, aber ansehnliches Bildmaterial davon überliefert, eingestreut in geistliche Handschriften oder in Zyklen, die den ganzen Jahreskreis zum Thema haben.

Unmerklich geht der Sommer über in den HERBST. Zu festen Terminen hatten die Bauern ihre Abgaben zu liefern: Manche Bräuche erinnern heute noch daran, etwa die Martini-Gans. Denn Termine merkte man sich am leichtesten nach den Heiligenfesten, die im Volksglauben vielerlei Bedeutung hatten. Die Keller und Scheunen auf den Meierhöfen und in den Burgen füllten sich. Nicht alle zahlten freiwillig, und es konnte auch vorkommen, daß bei ein und demselben Hof zwei Herren kassieren wollten: Etwa, wenn er noch im Besitzverzeichnis eines Klosters stand, aber zu Lehen ausgegeben war. Oder der Hof gehörte einem Herrn, Marktherrschaft und Gerichtsbarkeit einem andern — da mag dann ein Amtmann versehentlich an der falschen Tür kassiert haben. Der Herr verdiente auch an dem, was auf die Märkte kam. Er selber hatte sie oft eingerichtet und einen seiner Ritter zur Aufsicht in den Ort gesetzt.

Über die Felder und in die Wälder ging jetzt, in friedlichen Zeiten, die JAGD. Eine große Zahl von Leuten, als Treiber und Jäger, und eine abgerichtete Meute von Hunden wurden eingesetzt. Am Ende fing sich der Hirsch im Netz, das Wildschwein stürzte sich gereizt in den Spieß, der Hase wurde von Hun-

◂ 31. Jagdtasche. Süddeutsch, um 1430.

den gerissen. Die Aufbesserung des Speisezettels bot einen angenehmen Nebeneffekt. Wichtiger noch: die Jagd stellte das adelige Vergnügen schlechthin dar. Dieses Vorrecht wurde bis in die Neuzeit eifersüchtig gehütet — unzählige Wilderergeschichten bezeugen das bis zur Gegenwart. Die Jagd war eine Kunst: Beherrschung der Waffen, organisierte Bewegung der Reiter im Verband, Umgang mit Pferden und Hunden: Das war Ritter-Arbeit.

Waidmannsheil! Wer jagen will,
„Waidmannsheil! Wer jagen will",
wem das Jagdglück winken soll,
„stell sein Netz erst richtig auf",
muß vor allem wachsam sein,
„leg Relais an, hoch am Hang",
bringt dann auch viel Wild zur Strecke!
Los jetzt, Freud!
Ja, dein Bellen trägt sehr weit!
Hör auch Lieb und Trost:
werdet mich erlösen
aus der Wartequal.
Hetzt, die Spur ist frisch!
„Aufgepaßt! Laßt Wunn und Heil
nicht vom Seil!
So kriegt ihr das Wild doch nie!
Weg da von der alten Spur!"
Geud und Trapp!
Folgt der Fährte, Gail, Gesund!
Kusch hier! Brav die Hunde, brav.
Glück, schließ auf, bleib an der Spur!
„Vorwärts! Hundebellen, Hörnerblasen,
Berg und Tal,
ja, das haben Jäger gern!
Schlagt schon an! Die Klinge raus!
Gleich ist es geschafft!
Drüben läuft die stolze Hirschkuh!"
Hinterher, die ganze Meute!
Hussa, Schenk!
An die Spur jetzt, Stät und Wenk!
„Heuch, heuch, heuch!"
Los, wie Will und Harr!
„Heuch, heuch, heuch!"
Bist auf falscher Fährte!
„Heuch, hoch, hauch!"
Lauf im Kreis, nimm auf die Spur!
„Heuch, heuch, heuch!"
Trüb, hinterher!
„Heuch, hoch, hauch!"
Das Wild ist müd.

[Oswald von Wolkenstein, übersetzt von Dieter Kühn.]

Auch für den Hof war die Jagd die zweite Gelegenheit zur Selbstdarstellung im Jahr. Diesmal eine Spur wilder, aber selbstverständlich nicht ohne Inszenierung. Am Ende eines gelungenen Jagdtages vereinigte die Tafel die ganze Jagdgesellschaft — und nicht immer nur die Herren. Schon die Jagdfeste Karls des Großen im Ardennerwald, zu denen auch die Damen des Hofes in verrücktesten Kostümen erscheinen mußten, waren berüchtigt.

Aber die Jagd war noch viel mehr: Selbst heute noch meint man oft, wenn man den Jägern zuhört, in alte Zeiten verschlagen zu sein. Ganz urtümliche Schichten des Menschseins werden angesprochen. Die Freude an der Bewegung, an der Macht, am Töten führt zu einer Art Rausch: Odin mit der wilden Jagd war der göttliche Jäger, Dietrich von Bern als wilder Jäger ziert lebensgroß eine Südtiroler Kirche.

◀ 32. Höfisches Zeremoniell. Weihe des ersten Hochmeisters des St.-Georg-Ritterordens. Kärnten, um 1510.

Auf der Jagd kann alles mögliche geschehen. Die Bauern haben Angst, wenn Meute und Jäger daherkommen. Man kann auf der Jagd den alten Ungeheuern begegnen und neuen Wundern. Die Geschichten und Legenden sind voll davon: Heidnische Zwerge und Riesen, heilige Tiere, die den Verirrten retten, wie es die Gründungslegenden vieler Klöster berichten. Und dann das Fest, nicht immer nur höfisch. Natürlich ist das Jagen voller erotischer Symbolkraft — und es wird beim Symbol nicht geblieben sein. Die Bauern fürchten die Jäger und verstecken die Mädchen.

Natürlich war die Jagd, wie jedes Waffenhandwerk, für Geistliche verboten. Aber ebenso, wie unzählige Bischöfe an der Spitze ihrer Ritter in den Kampf gezogen sind, gibt es viele Erzählungen über geistliche Fürsten, die vom Hundezüchten mehr verstanden als vom Messelesen. Allerdings muß man bedenken: höhere geistliche Ämter waren dem Adel vorbehalten. Adelige aber wurden selten deswegen Bischöfe oder Äbte, weil sie die Berufung dazu spürten, sondern nur zu oft deshalb, weil sie als zweite oder dritte Söhne nichts mehr zu erben hatten. Sie wurden also Geistliche, um weiterhin standesgemäß leben zu können.

33. Weihe des ersten Hofmeisters des St.-Georg-Ritterordens. Detail aus Abb. 32. ▸

▲ 34. Mann mit modischer Beinkleidung. Detail aus Abb. 32.

35. Narr, der mit einem Hund spielt. Detail aus Abb. 32. ▸

Als ein Frankenkönig eines Herbstes keinen Grund sah, einen KRIEG zu führen, bekam er ernsthaft Schwierigkeiten: auf die Herbstkampagne wollte keiner verzichten. Die Franken waren Krieger, und sie wollten Beute. Erst als Karl der Große seine Heere dreißig Jahre lang gegen die Sachsen führte, die sich längst in die Sümpfe und Flußauen zurückgezogen hatten, wo nichts mehr zu holen war, wurden selbst die Franken kriegsmüde.

Als — damals noch König — Otto I. vor lauter Schwierigkeiten mit seinem Adel, der einen Aufstand nach dem anderen machte, nicht mehr aus noch ein wußte, kündigte er den Ungarn einen Tributvertrag. Die Folge war ein Ungarneinfall, der alle Großen zwang, die Rivalitäten zu vergessen und dem bedrängten Reich beizustehen. Der triumphale Sieg 955 auf dem Lechfeld steht am Anfang des römisch-deutschen Kaisertums.

Nur der Sieg und die blendende Öffentlichkeitsarbeit Rudolfs von Habsburg verhinderte, daß an ihm der Makel haften blieb, sich unritterlich verhalten zu haben: Denn in der Schlacht zwischen Dürnkrut und Jedenspeigen gegen den Böhmenkönig Ottokar Přemisl hatte er eine Gruppe von ausgeruhten Rittern aus einem Hinterhalt schlachtentscheidend in den hin und her wogenden Kampf geschickt. So etwas ziert einen klugen Taktiker: ritterlich war es nicht.

Als Kaiser Friedrich III. seine Schulden an den Ritter Andreas Baumkircher aus der Krain nicht bezahlte — der hatte sich sein Geld redlich im Kampf für den Kaiser verdient —, sagte der Baumkircher ihm die FEHDE an und setzte, wo er konnte, den roten Hahn auf Besitzungen der Habsburger. Denn eines hatten die hohen Herren gelernt: Es endete meist mit blutigen Köpfen, wenn man sich in einer Fehde direkt an die Mannschaft des Gegners hielt oder gar dessen Burg anzugreifen versuchte. Viel einfacher war es, die wehrlosen Bauern des Gegners anzugreifen. So hatten die eigenen Ritter Beute genug, und der Befehdete mußte schließlich einlenken, wollte er nicht seine Existenzgrundlage verlieren.

Als Kaiser Rudolf II. erfuhr, daß eine antike Gemme auf dem Markt aufgetaucht war, die er unbedingt besitzen wollte, ließ er den für jenes Jahr geplanten Türkenkrieg ausfallen, um sie zu kaufen. Man kann sie als „Gemma Augustea" heute noch im Wiener Kunsthistorischen Museum bewundern, und mancher gibt dem seltsamsten aller Habsburger-Kaiser recht.

Als ein deutscher Fürst im vorigen Jahrhundert seine Soldaten inspizierte, befand er, sie seien zu adrett, um in einen Krieg geführt zu werden.

Als österreichisch-ungarische Soldaten 1914 in den Krieg zogen, wurde ihr ungedeckter Vormarsch Ungezählten zum Verhängnis: Die Gegner hatten im russisch-japanischen Krieg den Stellungskrieg erfunden und mähten die Soldaten aus den Gräben nieder. Feindliche Scharfschützen zielten mit Vorliebe auf die gelben Feldbinden der Offiziere, bis diese endlich abgeschafft wurden. Noch als Deutschland 1939 Polen überfiel, ritten polnische Reiter Attacke gegen Panzer.

Diese wahllos der Geschichte entnommenen Fakten sollen zeigen, daß wir ganz umdenken müssen, wenn wir in früheren Zeiten von Krieg reden. Noch im vorigen Jahrhundert konnte man glaubhaft versichern, Krieg sei Fortsetzung der Politik mit anderen Mitteln — obwohl das seit Napoleon einen unguten Klang hatte. Krieg war immer ein blutiges Geschäft, besonders für die, die von der Welle nur mitgerissen wurden, und man soll Angst, Schmerz und Not nie verharmlosen. Aber, bis auf wenige Ausnahmen, waren im Mittelalter die Kampfziele begrenzt: Man wollte Beute machen, und zwar an Gütern und Menschen, und man wollte, um einen Einfall der Gegenseite zu verhindern, die eigene Stärke zeigen.

Krieg fand zu bestimmten Zeiten statt, an Orten, welche die Gegner miteinander vereinbarten, und unter Regeln wie auf dem Fußballfeld. Es war auch vernünftig so: War ein Ritter überwunden, weil er zum Beispiel vom Pferd fiel, nahm man ihn gefangen. Er signalisierte seine Aufgabe. Man zog ihm seine Rüstung aus und verlangte von seiner Familie saftiges Lösegeld — ganz legal und ohne Skrupel. Sieger blieb, wer das Schlachtfeld behauptete. Dann setzte man sich an den Verhandlungstisch und versuchte den Terraingewinn in möglichst günstige Friedensbedingungen umzumünzen.

Denn man muß sich von einer Vorstellung freimachen: Kriege werden nicht durch Schlachten und nicht durch geniale Feldherren entschieden. So wollen es nur Dichter und Ideologen. Als Alexander der Große keine Möglichkeit fand, sein Riesenreich zu organi-

36. König Artur von England. Guß, 1513. Innsbruck, Hofkirche. ▶

sieren, zerfiel es. Als Napoleon die Grenzen des Erreichbaren überschritten hatte, verbündeten sich die untereinander verfeindeten Völker gegen ihn, und es wäre auf lange Sicht ziemlich gleichgültig gewesen, ob Blücher oder Grouchy bei Waterloo zurechtgekommen wäre. Eine gesunde Wirtschafts- und Sozialstruktur hat Reserven und baut Zerstörtes wieder auf; ein kranker Körper ist dem Verfall preisgegeben.

Als es im Jahre 841 soweit kam, daß fränkische Adelige andere fränkische Adelige umbrachten, nur weil sie auf verschiedenen Seiten standen, ging eine gewaltige Erschütterung durch halb Europa: Man wußte, damit war eine Epoche zu Ende. Als 907 eine Gruppe bayerischer Adeliger, die eigentlich zu einer Strafexpedition gegen die ungarischen Heiden aufgebrochen war, vollkommen aufgerieben wurde, ging für ein halbes Jahrhundert an der Enns ein „eiserner Vorhang" herunter.

Der Begriff der Entscheidungsschlacht ist von einer anderen Seite her zu verstehen. In solchen Kämpfen zeigt sich, daß sich eine soziale Gruppe, eine Klasse, eine Elite überlebt hat. Man denke an Crécy, als die französische Kavallerie unter dem Pfeilhagel der englischen Langbogen zusammenbrach (1346). Aber den Hundertjährigen Krieg gewann England trotz Azincourt (1415) nicht. Man denke an die Niederlagen der habsburgischen Ritter gegen die Schweizer oder, viel später, an die Belagerung Kufsteins, als Kaiser Maximilian I. vor interessierten Beobachtern demonstrierte, wie man mit modernen Geschützen selbst die stärkste Festung zerschießen kann. Da hatte sich schon längst etwas verändert und wurde in der Schlacht, in dem Krieg offenkundig.

Wofür zog der Ritter in den Kampf? In der FEHDE, um sein Recht zu suchen. Im frühen Mittelalter blieb dem Freien oft nichts anderes übrig, als zur Selbsthilfe zu schreiten. Erst allmählich entwickelte sich eine Gerichtsorganisation, die aber bis ins späte Mittelalter die Fehde nie ganz verdrängen konnte. Im 13. Jahrhundert meinte ein österreichischer Dichter, es wäre eine verkehrte Welt, *sint man unrecht nicht rechen sol.* In zähem Kampf gelang es der Kirche und den Fürsten nur, gewisse Freiräume (Kirchen, öffentliche Straßen, hohe Feiertage, der Hof) und gewisse Formen durchzusetzen: Die Fehde mußte angekündigt werden — die Absage —, sie mußte einen hinreichenden Rechtsgrund haben. In den Landfriedensgesetzen des Hochmittelalters versuchte man zur Pflicht zu machen, daß auch Adelige zuerst den Weg zum Gericht beschreiten müßten und erst dann kämpfen sollten, wenn sie nicht ihr Recht bekamen. Die wichtigsten Mittel der Fehde waren Raub und Brand. Dazu kam die Gefangennahme der gegnerischen Kämpfer. Beendet wurde die Fehde von einem Stillstand, der *treuga,* dem dann feierliche Verträge folgen sollten. Der Unterlegene mußte Urfehde schwören, das heißt, daß er nicht seinerseits Rache nähme.

Was schon als Rechtsmittel von fragwürdigem Nutzen war und daher auch schon früh von der Kirche bekämpft wurde, die einen wenigstens zeitweilig wirkenden Gottesfrieden, die *treuga Dei,* durchzusetzen versuchte, geriet im Verlauf des späten Mittelalters gänzlich aus den Fugen; vor allem, sobald es ein ordentliches Gerichtsverfahren gab. Für die Hauptbetroffenen, die Bauern und Bürger, war es bald gleichgültig, was der Rechtsgrund

37. Betrunkene Ritter und Knechte. Alkoholexzesse sind mehrfach überliefert. Conrad Kyeser aus Eichstätt, Bellifortis. 1. Hälfte 15. Jh. ▸

der Fehde war; Raub und Brand verbreiteten die Ritter, der Schutzverpflichtung kamen sie aber kaum mehr nach. Neben tatsächlichen Verbrechen verarmter Ritter sind die Auswüchse der Fehde die Hauptursachen für unsere Vorstellungen von Faustrecht und Raubrittern.

In den **KRIEG** mußte man ziehen, wenn der Herr angegriffen wurde oder einen „gerechten" Kriegsgrund hatte — das heißt, daß seine Gefolgschaft damit einverstanden war. Man erwartete Beute und Belohnung für die Heerfolge; manchmal ließ man sie sich im voraus vertraglich zusichern. Niemand wird Soldat, um zu sterben. Niemand ist Ritter, um in den Tod zu rennen. Es ging in der Regel um Fragen der Politik, und der Adel kalkulierte nur zu oft noch am Vortag der Schlacht, welche Partei die stärkere wäre. So konnte es vorkommen, daß am nächsten Morgen der eine ein doppelt so großes Heer hatte, während der andere, von allen verlassen, das Schlachtfeld räumen mußte.

Im Laufe des 11. und 12. Jahrhunderts hatten eine Umstellung auf eine gesündere Ernährung und eine lange anhaltende günstige Klimaperiode im Verein mit relativ stabilen Herrschaftsverhältnissen vor allem in der Oberschicht einen starken Bevölkerungsüber-

38. Unsere Kenntnis vom Kriegswesen des 11. Jh.s verdanken wir in hohem Grad dem berühmten Teppich von Bayeux, der die Eroberung Englands durch Wilhelm den Eroberer (1066) schildert. Am Fuß der abgebildeten Schlachtszene werden die Gefallenen ihrer wertvollen Panzerhemden und Waffen beraubt. Vor 1077. ▼

schuß bewirkt. Man konnte die Besitzungen nicht mehr auf alle Nachkommen aufteilen, da sie sonst viel zu klein geworden wären.

Innerhalb Europas suchte man den fehlenden Raum durch BINNENKOLONISATION zu schaffen. Man holte eigene Bauerntrupps in die Rodungsgebiete, die für die ersten Jahre Anleihen und Abgabenfreiheit erhielten und zu einem relativ freien Recht siedeln durften. Man legalisierte Unternehmen, die „aus wilder Wurzel" begonnen hatten, wenn die Siedler nur einer Art Herrschaftsvertrag zustimmten (vgl. Abb. 99). Man ging die Berge hin-

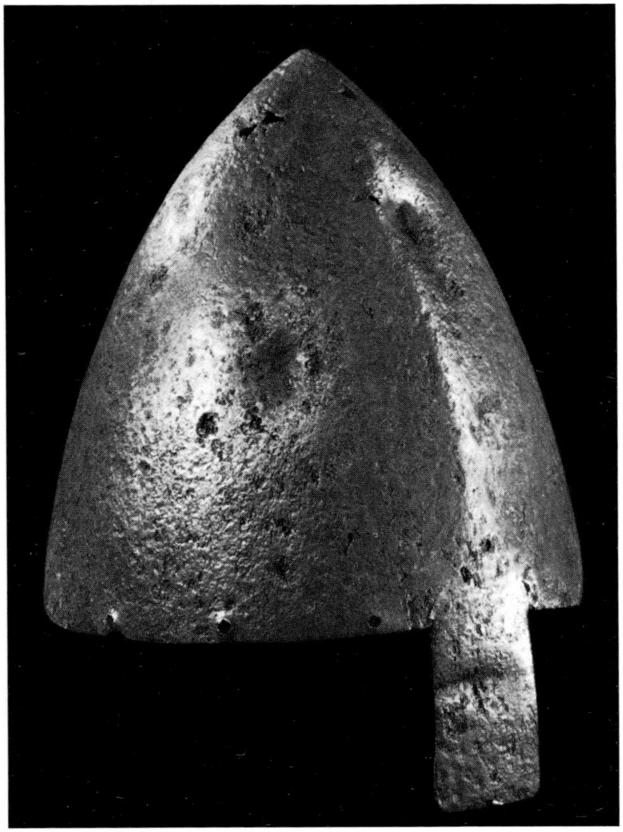

▲ 40. Ritterstatuette. Frankreich, 12. Jh.

◀ 39. Helm mit Nasenschutz. Mähren, 11. Jh.

auf. Niemals zuvor und niemals wieder hat es in Europa höher gelegene Dauersiedlungen gegeben. Von diesen Siedlungen ist in der Neuzeit aus den verschiedensten, meist strukturellen Gründen ein Drittel wieder zugrunde gegangen.

Ein anderes Ventil stellten die Gebiete im OSTEN des Reiches dar. Böhmische und polnische Fürsten, die ihr Land ausbauen und die Nachbarn befrieden wollten, die zum Glück Heiden waren, riefen Ritter aus ganz Europa.

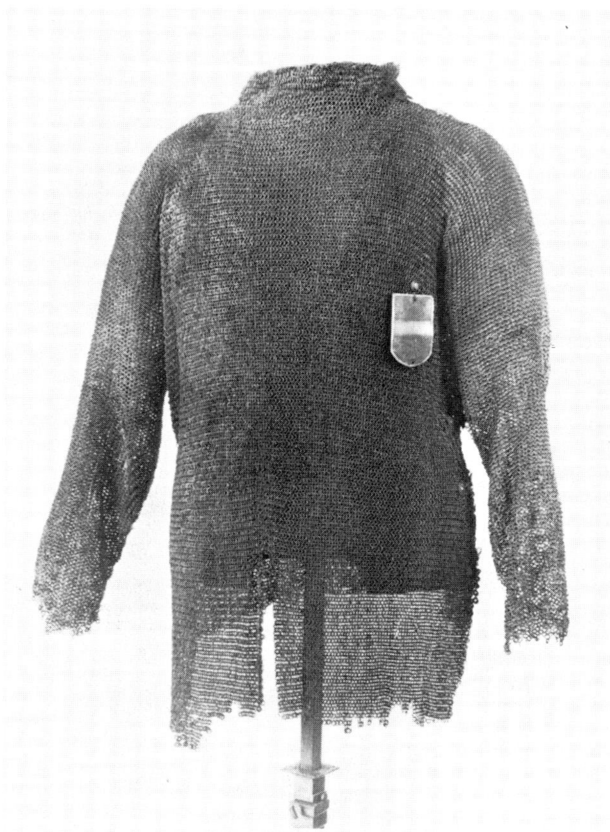

▲ 41. Panzerhemd Herzog Leopolds III. 2. Hälfte 14. Jh.

42. Den Übergang zu den späteren, aus Stahlplatten gefertigten Rüstungen illustriert das mit „platen" versehene Panzerhemd des heiligen Mauritius im Dom zu Magdeburg. Spätes 13. Jh. ▶

Man nannte das Kreuzzug, besonders, als dieses Geschäft vom Deutschen Orden, der im Nahen Osten nicht mehr wirken konnte, übernommen wurde.

Jeder, der ein Bedürfnis nach Rittertaten hatte, konnte einen solchen Kreuzzug „buchen". Meist erwartete der Orden eine ansehnliche Schenkung; aber dieser brauchte in der Tat nichts mehr als qualifiziertes Personal. Man kam in eine Ordensburg, wurde großartig bewirtet, mit heroischen Gesängen aufgebaut und dann gegen heidnische Balten und Pruzzen oder — in der späteren Zeit immer öfter — christliche Konkurrenten eingesetzt.

Man konnte aber auch KETZER bekämpfen. Zunächst war das die harmloseste Variante ritterlichen „Sports", denn die Ketzer des hohen Mittelalters waren im Grunde wehrlos, weil sie wirklich christlich leben wollten. Daß der französische König bei dieser Gelegenheit alte

Rechnung mit südfranzösischen Fürsten begleichen wollte, konnte man nicht durchschauen. Unangenehm wurde es, als sich die Ketzerbewegungen gegen Ende des Mittelalters mit sozialen Aufständen verbanden und, wie die böhmischen Hussiten, auch eine neue, unorthodoxe Kriegstaktik anwandten.

Schließlich konnte man ins HEILIGE LAND

◀ ▲ 43 und 44. Zwei Brustpanzer aus dem Massengrab von Wisby, Gotland, das 1361 nach einer Schlacht angelegt worden war. Nr. 1 und Nr. 19.

▲ 45. In Irland hielten sich frühe Rüstungsformen bis in das 16. Jahrhundert. Grabplatte des Piers Butler, 8. Earl von Ormond, † 1539. Kirche St. Canisius, Kilkenny, Irland.

46. Dieser Topfhelm wurde im Flußbett der Traun, OÖ, gefunden. 1. Hälfte 14. Jh. ▶

ziehen. Der Mittelmeer-Verkehr war auch nach dem Vordringen der Araber nie ganz abgerissen. Die Tätigkeit syrischer Händler war seit dem frühesten Mittelalter so sprichwörtlich wie die der Juden. Auch war der arabi-

47. Die Rüstungen waren von großem materiellen Wert, was dazu führte, daß während oder nach der Schlacht die Gefallenen rücksichtslos beraubt wurden, wobei es auch zu Unstimmigkeiten zwischen den Tätern gekommen sein mag. Meister der Votivtafel von St. Lambrecht, Reiterschlacht Ludwigs von Ungarn. Um 1430. ▶

sche Raum keine Einheit, so daß der Abasside Harun Ar-Rašid (786—809) in Karl dem Großen einen natürlichen Verbündeten gegen die Omajaden in Spanien sah. Der Elefant, den er Karl auf kompliziertem Wege damals als

▲ Detail aus Abb. 47

49. Hartmann von Starkenberg. Manessische Liederhandschrift. 1. Hälfte 14. Jh. ▶

◀ 50. Panzerhemdmacher. Das Hausbuch der Mendelschen Zwölfbrüderstiftung in Nürnberg I. Nürnberg, 1425 bis 1549.

51. Grabplastik des Arnold de Gaveston, † 1312. Winchester, Kathedrale. ▶

52. Schwert mit Paranußknauf. 13. Jh. ▶

Geschenk sandte, wurde so zu einem der berühmtesten Tiere der Geschichte. Fast alle zeitgenössischen Quellen erwähnen ihn.

Im 8. und 9. Jahrhundert waren REISEN INS HEILIGE LAND längst üblich. Wir wissen von Pilgern, die einem Kloster vorsorglich ihr Erbe hinterließen, sollten sie nicht zurückkehren; andere gaben ihren Besitz als Sicherstellung für die vorgestreckten Reisekosten. Es gab, nur von den Jahreszeiten abhängig, vor allem von den Häfen Marseille, Genua und Venedig aus einen regelmäßigen Schiffsverkehr. In Palästina erwarteten die Reisenden organisierte Reiseführer, welche gegen bestimmte Tarife, die man schon in der Heimat in Erfahrung bringen konnte, Transport und Führung zu den heiligen Stätten übernahmen, und zwar so, daß man pünktlich zur Rückfahrt des Schiffes wieder am Hafen war.

Den Christen und Juden unter islamischer Herrschaft ging es auf jeden Fall besser als irgendwelchen Nicht-Christen in christlichen Ländern. Ihr Status als steuerpflichtige religiöse Minderheit war gesetzlich geschützt. Es

◀ 53. Reiterschlacht. Wolfram von Eschenbach, Willehalm. Vor 1320.

54. Turnier. Wolfram von Eschenbach, Willehalm. Vor 1320. ▶

gab kaum Verfolgungen. Nie ist ein Hilferuf der östlichen Christen selbst an den Westen ergangen.

Byzanz hingegen konnte Hilfe brauchen. Unter dem islamisierten Turkvolk der Selçuken war die byzantinische Herrschaft in Kleinasien und im Vorderen Orient zusammengebrochen. Alexios I. Komnenos, der byzantinische Kaiser (1081—1118), hatte an kleine, besoldete Hilfs-Kontingente gedacht. Man

55. Über der Rüstung trug der Ritter einen Waffenrock in „seinen" Farben. Zur Zierde, aber auch um die Identifikation des Mannes zu erleichtern, krönte den Helm eine Helmzier. Auch das Schlachtroß selbst war geschmückt. Ulrich von Liechtenstein. Manessische Liederhandschrift. 1. Hälfte 14. Jh. ▸

▲ 56. Kopf eines Ritters. Würzburg, um 1360 bis 1370.

meinte, daß der Slogan „Befreit Jerusalem" wirksam sein könnte. Daß er damit eine Lawine lostrat, konnte er nicht ahnen.

Am 27. November 1095 rief Papst Urban II. zum ersten Mal zum **Kreuzzug** auf: *Deus lo vult*, Gott will es. Auch der Papst wußte wohl nicht, welche Massenbewegung er auslöste. Es ist hier nicht der Ort, auf die einzelnen Kreuzzüge einzugehen. Es kam vorübergehend zur Gründung verschiedener Kreuzfahrerstaaten in Palästina, auf Zypern und in Griechenland. Man nannte die Fremden alle Franken, womit auch eine gewisse Dominanz des französischen Adels zum Ausdruck kam. 1204 lenkte Venedig einen Kreuzzug nach Byzanz um, eroberte Griechenland, die Inseln und Byzanz

57. Streithammer. 15. Jh. ▼

▲ 58. Die Entwicklung zum spätgotischen Plattenharnisch wird von den sogenannten „Hundsgugeln" eingeleitet, den frühen Helmen mit aufklappbaren Visieren. Jacques de Baerze, heiliger Georg. Vor 1399.

selbst und gründete ein lateinisches Kaiserreich, das etwa ein halbes Jahrhundert bestand.

Eine der Ursachen für die Kreuzzüge war der erwähnte Bevölkerungsdruck, der vor allem die ritterliche Oberschicht betraf. Die soziale Stellung der Familien konnte nur solange erhalten bleiben, solange die Elite klein genug blieb und ihre ökonomische Basis bewahrte. Was tat man mit den vom Erbe ausgeschlossenen Kindern? Die Kirche konnte

59. Die wohl schönste der Hundsgugeln gehörte einem Grafen von Matsch. Churburg, Südtirol. ▼

◀ 60. Die Abbildung zeigt die typische Rüstung eines Ritters im 14. Jahrhundert, bestehend aus Ringelpanzer mit Kniekacheln und Beinschienen sowie einer Hirnschale, die fest mit dem Panzerhemd verbunden ist. Während des Kampfes setzte er darauf den Topfhelm. Speculum humanae salvationis. Um 1324.

▼ 61. Meister des Albrechtaltars, Maria im Chor der Potestates.

62. Reiterschlacht Ludwigs von Ungarn. Tafel des Großen Mariazeller Wunderaltars. 1519. ▼

nicht alle aufnehmen. Die Kreuzzüge, die Ostbewegung und die Binnenkolonisation fingen diesen qualifizierten Bevölkerungsüberschuß auf.

Die Folge davon war, daß gerade die ritterliche Adelsschicht ihre spezifische Kultur viel länger aufrechterhalten konnte, als es die Verhältnisse in Mittel- und Westeuropa erlaubt hätten. Verschiedene Anzeichen sprechen dafür, daß wenigstens seit dem Ende des 12. Jahrhunderts im Rechtswesen, in der schriftlichen Verwaltung, im Ausbau der Städte und der Wirtschaft die Anlagen zu einer Ablösung der ritterlichen Adelswelt vorhanden waren. England etwa vertrug es ausgezeichnet, daß sein König Richard Löwenherz in Kreuzzugssachen dauernd unterwegs war. Man war stolz auf ihn, auch wenn seine Abenteuer viel kosteten, und baute inzwischen eine der modernsten Verwaltungsstrukturen Europas auf, die auch noch das gewaltige Lösegeld

63. Vorbereitungen zur Schlacht. Illustration zur Eustachius-Legende. Krumauer Bildercodex. 1355 bis 1360. ▼

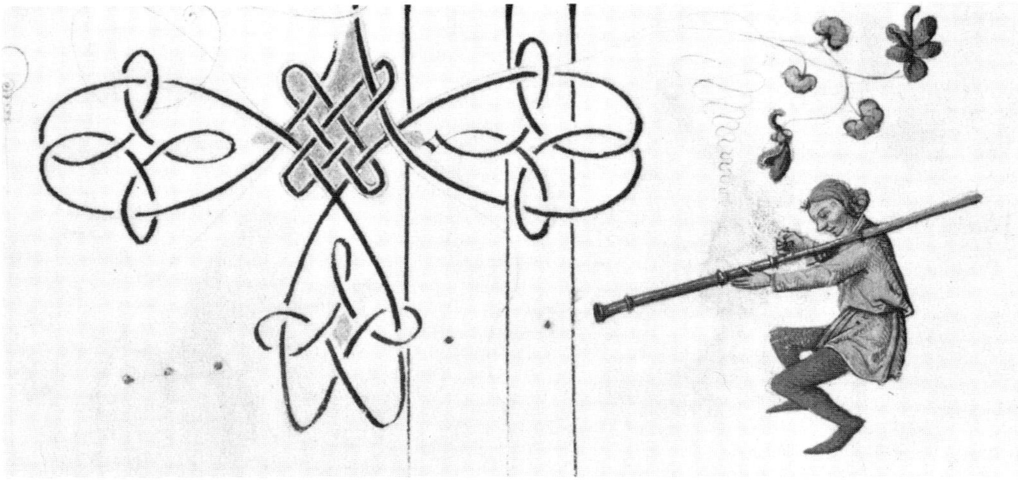

◀ 64. Im auslaufenden 14. Jahrhundert begann die Entwicklung der Feuerwaffen. Machten sie anfangs bloß Lärm, so wurde durch sie bereits nach wenigen Generationen die herkömmliche Art, Schlachten zu schlagen, anachronistisch. Randleiste im Gebetbuch Karls des Kühnen oder Stundenbuch der Maria von Burgund. Flamen, 1470 bis 1480.

65. Aus Eisen geschmiedete Steinbüchse. Ende 14. Jh. ▼

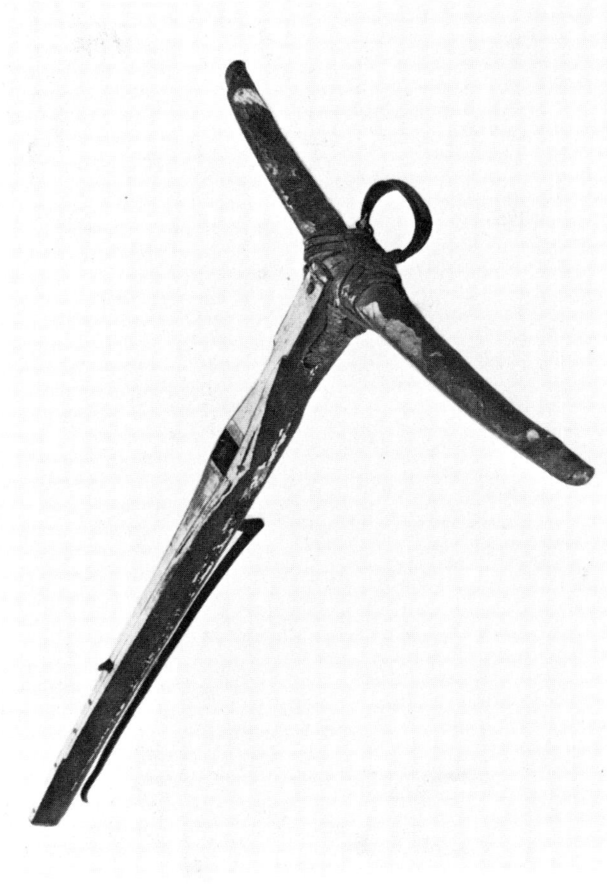

▲ 67. Kriegsarmbrust mit Hornbogen. 2. Hälfte 15. Jh.

◀ 66. Typisch für den Fußsoldaten waren die Setztartsche, der Ahlspieß oder die Pike, die Armbrust oder Steinbüchse sowie der Eisenhut. Die abgebildete Setztartsche stammt aus dem ehemaligen Wiener Bürgerlichen Zeughaus. Um 1480.

aufbrachte, das nach Richards Gefangennahme vom Babenbergerherzog und vom Kaiser erpreßt wurde.

Das mittelalterliche Rittertum erhielt von der Weltgeschichte sozusagen eine Fristverlän-

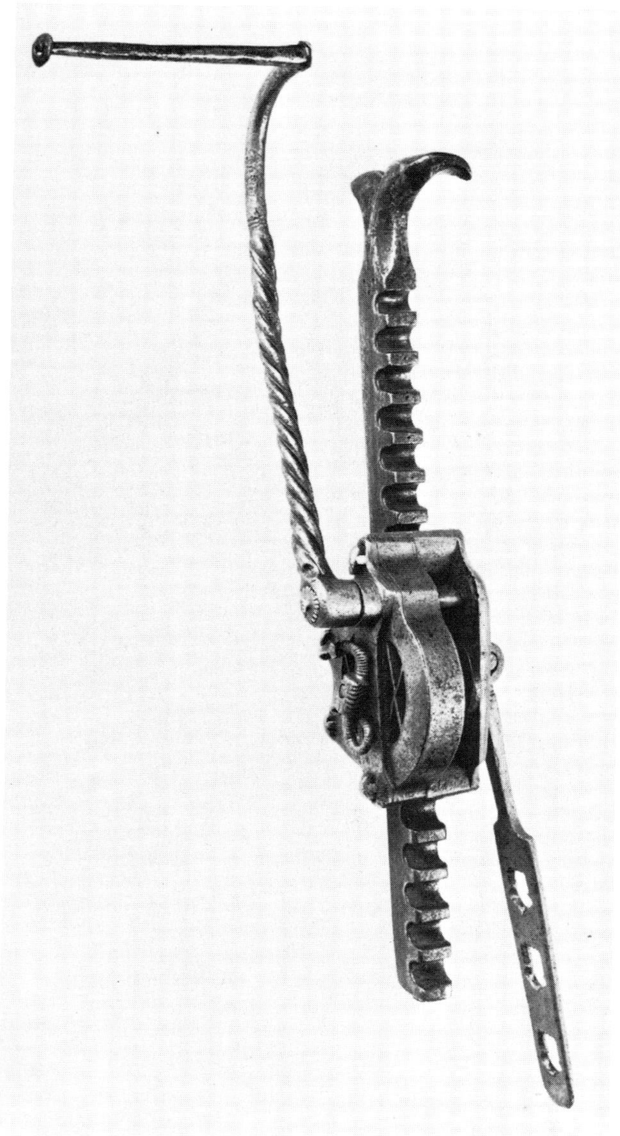

▲ 68. Winde für Kriegsarmbrust. 2. Hälfte 15. Jh.

69. Armbrustbolzen für Kriegszwecke. 15. Jh. ▶

gerung, die sich nachhaltig auf die Zukunft auswirken sollte: Ritterliche Lebensformen wurden Vorbild für ganz andere gesellschaftliche Strukturen, die ritterliche Kultur konnte sich zu ungeahnten Höhen weiterentwickeln und zugleich innerhalb der europäischen Bevölkerung eine Breitenwirkung erzielen, wie sie eine Oberschichten-Kultur bis dahin nicht erreicht hatte.

Die ritterliche Lebensart vermittelte alles mögliche. Auch geheimnisvolle Künste und Technologien aus Byzanz und aus dem Orient gelangten nach Europa — allerdings häufig zunächst als höfische Spielereien. Immerhin standen die Kenntnisse zur Verfügung, als man sie brauchte. Vieles wäre auch so nach Europa gekommen, aber so war es schon Besitz von Standesgenossen und wurde vielleicht bereitwilliger aufgenommen. Für andere Errungenschaften der griechischen Welt hatte der Adel kein Verständnis. So blieb die reiche Welt der Handelsstadt Byzanz, ihre Kunst und ihr Handwerk, ihre Wissenschaft trotz des lateinischen Kaiserreiches dem Westen vielfach fremd.

Hingegen konnten sich islamische und europäische Adelige miteinander gut über die Falkenjagd unterhalten und über Pferdezucht. Die Orientalen konnten die Ritter schnell vom Luxus der Mittelmeerwelt überzeugen, aber auch davon, daß die Kunst der Ärzte und das Wissen der Astrologen jenen des Abendlandes weit überlegen waren.

Allerdings darf man in diesen Dingen die Bedeutung der Kreuzzüge nicht überschätzen. Manche Handelsverbindungen haben sie empfindlich gestört. Die Kontaktzonen, über die Bleibendes vermittelt wurde, blieben Spanien, Süditalien, Sizilien und Byzanz. Bei ein wenig mehr Toleranz hätte man vieles vom alten Mittelmeerwissen besser in Byzanz studieren, aber auch von reisenden Juden und Syrern lernen können.

70. Spätgotischer Küriß. Augsburg, 1485 bis 1490. ▶

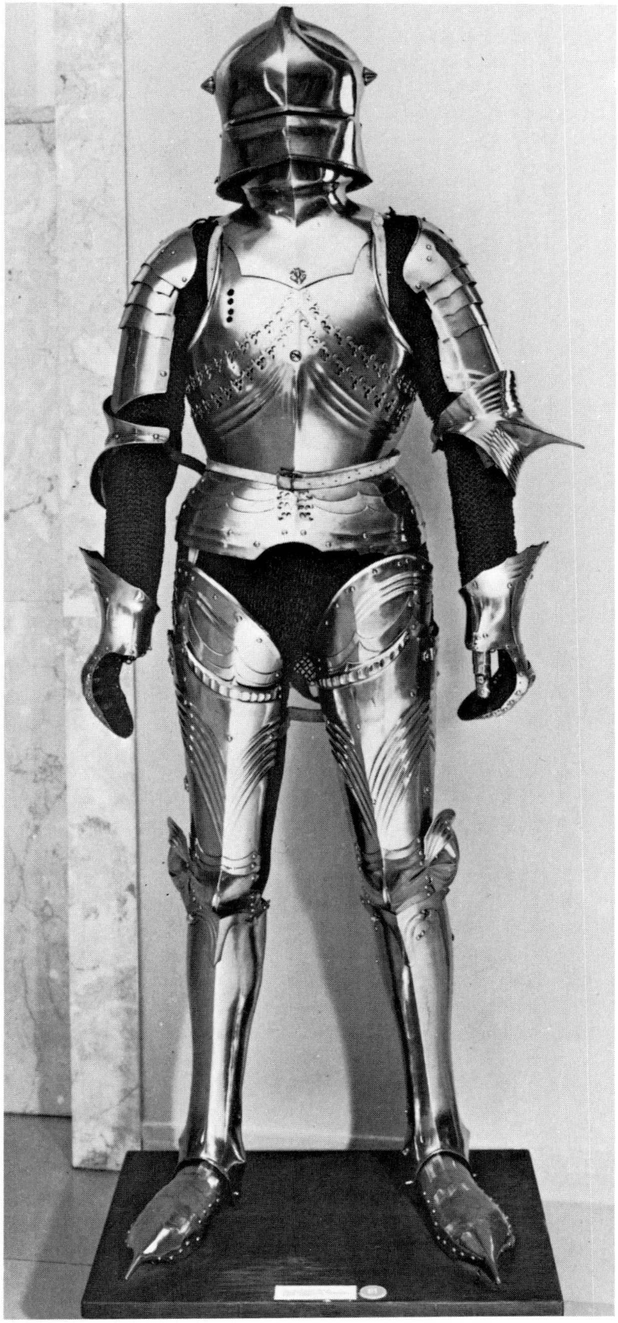

◀ 71. Die Renaissancerüstungen waren nicht mehr für den Krieg gedacht, sondern dienten der Repräsentation bei Turnieren. Eine besondere Kollektion besaß der englische König Heinrich VIII., zu der auch die abgebildete Rüstung gehörte. Um 1514.

72. Zwei Renner als Spielzeugfiguren. Mühlau bei Innsbruck, um 1500. ▶

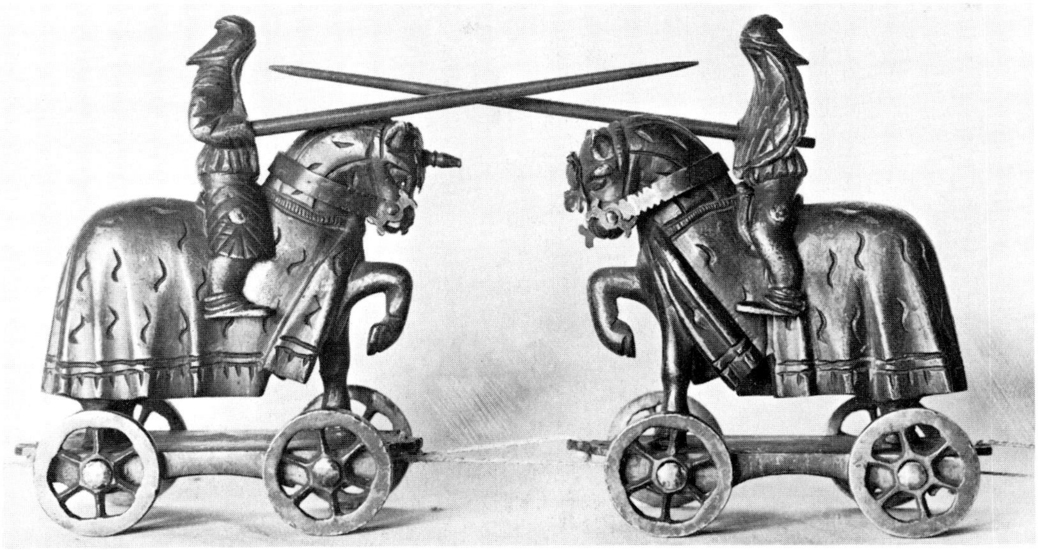

73. Dieser Helm wurde in der berühmten Werkstatt des Konrad Seusenhofer in Innsbruck gefertigt und kam wohl als Geschenk Kaiser Maximilians I. an König Heinrich VIII. nach England. Er hatte verschiedene Attachen, die im Laufe der Zeit entfernt wurden. Der Brillenaufsatz wurde später hinzugefügt. Er ist ein gutes Beispiel für die hochentwickelte Plattnerkunst der Renaissance. 1514. ▶

▲ 74. Stechzeugfragment aus dem Besitz Kaiser Maximilians I.

Als der österreichische Herzog Leopold V. zum dritten Kreuzzug stieß — er war auf dem Seeweg gekommen, den beschwerlichen Weg durch Anatolien, an dessen Ende Kaiser Friedrich Barbarossa starb, hatte er nicht mitgemacht — wurde er von zwölf Rittern begleitet. Es ist nicht verwunderlich, daß König Richard Löwenherz vor einem Fürsten, der in so kleiner BEGLEITUNG reiste, keine besonders große Hochachtung hegte. Warum er nach der Eroberung von Akkon (1191) das österreichische Banner von einem Turm entfernen ließ, ist nicht verläßlich überliefert. Der Herzog kehrte beleidigt nach Hause zurück; übrigens gerade rechtzeitig, um das vertraglich zugesicherte Erbe der Steiermark übernehmen zu können. Die Beleidigung von Akkon mußte auch die Gefangennahme König Richards begründen.

Ganz sicher ist, daß bei diesem Kreuzzug von seiten der Österreicher nicht bloß zwölf oder 13 Personen teilgenommen hatten. Ehe ein Ritter sich in Bewegung setzen konnte, mußte einiges geschehen: Er brauchte Leute, die ihm unterwegs die Waffen trugen, die sich um die Vorräte kümmerten, für Unterkunft und Bequemlichkeit sorgten und vor dem Kampf halfen, in die Rüstung und aufs Pferd zu kommen. Auch wenn gerade für jenen Kreuzzug die Parole ausgegeben worden war, jeder Ritter habe sich mit ausreichend Geld zu versorgen, um den Troß klein zu halten — ohne zwei bis drei Knappen und Bedienstete war der einzelne Ritter einfach hilflos. Über diese Helfer verliert natürlich keine Chronik ein Wort, und kaum ein Dichter singt davon. Nur Oswald von Wolkenstein erwähnt, daß er in seiner Jugend *Renner, Koch und Marstallär*

75. Kaiser Maximilian I. hat den Aufbau einer wirksamen Artillerie sehr gefördert. Berühmt wurde seine Belagerung von Kufstein, bei der seine Kanonen entscheidend waren. Jörg Kölderer, Das Innsbrucker Zeughaus. Um 1507. ▼

(Laufbursche, Koch und Pferdeknecht) gewesen sei; *vil macher kitel* (ein einfacher Kittel) *was mein pestes klaide,* setzt er hinzu, damit man weiß, wie es gemeint ist.

Wenn hingegen in mittelalterlichen Quellen der Koch, der Kellermeister oder der Mundschenk eines Fürsten genannt werden, so sind nicht die gemeint, die kochen, in den Kellern die Vorräte überwachen oder den Fürsten täglich an der Tafel bedienen. Die Inhaber dieser Hof- und Ehrenämter sorgen nur, daß das alles geschieht. Allenfalls bei großen Hoffesten versehen sie symbolisch ihren Dienst. Oswald aber hat selber geschuftet, und wie er Tausende, über welche die Geschichte niemals berichtet.

Wir haben uns bemüht, auch beim Kapitel Krieg etwas hinter die Kulissen zu schauen. Manches erscheint dadurch weniger romantisch. Eines allerdings muß man festhalten: Über lange Zeit hat das Ideal des Rittertums selbst sein blutiges Handwerk veredelt. Nicht der Tod und das Töten waren Ziel der Schlacht, sondern das Bewähren und Erweisen der Stärke. Dem Schwächeren ging es an die Ehre, aber nicht an das Leben.

So kann man den Überblick über den Jahreskreis beenden, indem man annimmt, daß am Beginn des Winters wohl die meisten heimgekehrt sind auf ihre Burg. Es war ja auch im hohen und späten Mittelalter nicht alle Jahre Krieg.

Das LEBEN ZU HAUSE mag für die Frauen nicht viel weniger gefährdet gewesen sein. Wie viele Kinder waren in dem Jahr krank geworden und gestorben? Wie war die Geburt verlaufen? Hatte die Mutter das Wochenbett überstanden? Wie viele Unfälle und Verletzungen hatten ihren Tribut gefordert? Man war auch ohne Krieg dauernd vom Tod umgeben. Jetzt, am Ende des Jahres, spürte man das mehr denn je. Den einen trieb dieses Gefühl in den Keller, um mit den Knechten die beginnende Kälte von innen zu bekämpfen, den anderen in die Kirche, um das Jahr zu segnen und die Heiligen oder Maria mit einer Schenkung um Fürsprache zu bitten.

Trotz aller Adelsherrlichkeit fühlte man sich doch im Grunde höheren Mächten ausgeliefert. Der Trost der Kirche galt fürs jenseitige Leben. Innerhalb der Welt regierten, mit Erlaubnis Gottes, andere Gewalten. Zum Beispiel das allmächtige GLÜCK:

O Fortuna,
velut luna
statu variabilis,
semper crescis
aut decrescis;
vita detestabilis
nunc obdurat
et tunc curat
ludo mentis aciem,
egestatem,
potestatem
dissolvit ut glaciem.
Sors immanis
et inanis,
rota tu volubilis, . . .

[O Fortuna, wie der Mond veränderlich, immer wächst und schwindest du; abscheuliches Leben: nun dauert es, und dann heilt es mit des Geistes Spiel die Schärfe; Armut und Macht läßt es dahinschmelzen wie Eis. Schreckliches und leeres Schicksal, du drehendes Rad . . . Carmina Burana.]

Neben dem Zyklus der Jahreszeiten empfand sich der mittelalterliche Mensch eingebunden in den viel größeren Zyklus des Glücks, der *fortuna*. Zahllose Darstellungen gibt es, die ihr Rad zeigen, das sie dreht und an dem die Menschen hängen. Ihr Schicksal wird angedeutet durch die Worte: *regnabo*, ich werde herrschen, was den Aufsteiger meint; *regno*, ich herrsche, was den Menschen am Zenit des Glücks meint; *regnavi*, ich habe ge-

◀ 76. Glücksrad. Wiener Astronomische Sammelhandschrift aus der Werkstatt König Wenzels. Prag, um 1392 bis 1394.

◂ 77. Magische Bedeutung hatte auch die „Greifenklaue". 15. Jh. Churburg, Südtirol.

78. Ein in ganz Europa beliebtes Motiv war „der wilde Mann". Köln (?), Ende 14. Jh. ▾

herrscht, der Mensch, der fällt; *sum sine regno*, ich bin ohne Herrschaft, der Mensch auf dem Boden, vielleicht auch tot (Abb. 76).

Die *mutatio rerum*, die Wandelbarkeit der (irdischen) Dinge, an die man sein Herz nicht hängen soll, ist ein durchaus christliches Motiv. Aber das mittelalterliche Glücks-Verständnis geht weit darüber hinaus zu einem Schicksalsbegriff, der ursprünglich außerchristlich ist. Selbst Dante hat Mühe, das Wirken der Fortuna christlich zu deuten:

Colui, lo cui saper tutto trascende,
Fece li cieli, e diè lor chi conduce,
Sì che ogni parte, ad ogni parte, splende,
Distribuendo egualmente la luce:
Similimente, agli splendor mondani,
Ordinò general ministra e duce,
Che permutasse a tempo li ben vani,
Di gente in gente, e d'uno in altro sangue,
Oltre la difension de' senni umani;
Per che una gente impera, ed altra langue,
Seguendo lo giudizio di costei,
Che è occulto come, in erba, l'angue . . .

79. Weite Verbreitung fanden Darstellungen, die dem sogenannten Physiologus entnommen sind, der gleichsam Szenen des Neuen Testaments mit solchen aus dem Tierreich parallelisiert. Dazu gehört auch das Motiv des Einhorns, das nur im Schoß der Jungfrau gefangen werden kann und letztlich als Symbol Christi angesehen wurde. Reiner Musterbuch. Anfang 13. Jh. ▸

Con l'altre prime creature, lieta
Volve sua spera, e beata si gode.

[Der Herr, durch Weisheit über alles mächtig,
erschuf die Himmel und gab Herrscher ihnen.
Und jedes Reich erstrahlte jedem prächtig,
sodaß des Lichtes Strahlen gleich stark schienen.
Und ähnlich für des Erdenlebens Glänzen
beschloß er, sich der Ordnung zu bedienen,
daß eitler Reichtum gleich vererbten Kränzen
von Volk zu Volk, von Stamm zu Stamm ergehe,
durchbrechend aller Menschensinne Grenzen.
So kommt es, daß der Völker Wohl und Wehe
sich richtet nach Fortunas gültgem Spruche,
die ich als grasgetarnte Schlange sehe.
. . .
In ihrem Glücke überhört sie alle
und in der ersterschaffnen Engel Reigen
spielt lächelnd sie mit unserm Erdenballe.

Dante Alighieri, † 1321, Göttliche Komödie, Hölle VII, 73—83 und 95 f., übersetzt von Hans Werner Sokop.]

Einerseits gab das Christentum mit der Heilsgeschichte der Welt als Ganzem und dem einzelnen Menschen einen Sinn. Die Gewißheit des Jüngsten Gerichtes aber relativierte, ja entwertete gleichsam die jeweilige Gegenwart. Diese Unsicherheit öffnete Einflüssen das Tor, die man aus der Antike und aus der keltogermanischen Vorgeschichte weitergegeben hatte, ohne daß das Christentum einen Widerspruch erhob.

Die Vorstellung von der Periodizität der Geschichte erweckte zwei Hoffnungen: Die dunklen Kräfte auf ihre Weise zu überwinden — mit der Magie. Und, zweitens, einen Blick auf die gewaltige Maschinerie der Welt werfen zu können, um in die Zukunft zu sehen — mit der Astrologie.

Die MAGIE des Mittelalters ist ein Grenzbereich der Naturwissenschaft. Die früher durch Götter und Dämonen belebte Materie wird nun von Engeln und Teufeln bewegt. Der Magie zugrunde liegt die Überzeugung, daß die

◀ 80. Zahlreiche Tischgeräte hatten magische Bedeutung. Berühmt wurde die „Natternzungenkredenz" vom Hof Kaiser Friedrichs III. Dieser Tischaufsatz ist mit fossilen Haifischzähnen, den „Natternzungen" versehen, die eventuell in Speisen enthaltene Gifte sichtbar machen sollten. Mitte 15. Jh.

▲ 81. Der „Püsterich“ wurde mit Wasser gefüllt und in das Feuer gestellt. Der Dampf strömte durch den gespitzten Mund aus. Wahrscheinlich hatte der Püsterich ebenfalls eine magische Bedeutung. Oberitalien (?), 12. Jh.

82. Das Astrolabium des Blakene. Rückseite. England, 1342. ▶

Welt zwar die Schöpfungstat Gottes, aber auch dem „Fürsten dieser Welt“ überlassen ist und daher vom Glauben her — und vom Aberglauben — manipulierbar wäre.

Unzählige heidnische Praktiken überstanden die Verfolgung durch die Kirche, die ihrerseits nur halbherzig wirkte, weil viele Christen, sogar Priester, die Trennungslinie zwischen liturgischer Praxis und Magie nur unscharf sahen. Die Sakramente lieferten so der Magie neuen Stoff. Schadenzauber, Liebeszauber, Wahrsagerei an Hand verschiedenster Mittel und uralte Fruchtbarkeitsriten, die einerseits die Natur zum „Guten“ zwingen sollen, andererseits aber auch, für uns verschlüsselt, die mittelalterliche Kenntnis von der Natur enthielten. So werden die mittelalterlichen Beicht- und Bußbücher, die im Sündenkatalog

◀ 83. Astronomie (Sternkunde) und Astrologie (Sterndeutung) waren im adeligen Milieu tief verwurzelt. Sonnenwagen. Wiener astronomische Sammelhandschrift aus der Werkstatt König Wenzels. Prag, 1392 bis 1394.

85. Seit Pythagoras und anderen griechischen Gelehrten war die Vorstellung von der Kugelgestalt der Erde nie ganz aus dem abendländischen Denken verschwunden. Diese Abbildung stammt aus einem Werk von Johannes de Sacro Bosco (ca. 1210 bis 1256), Libellus de Sphaera, jedoch aus einer Ausgabe, die erst 1542 von Johann Luft in Wittenberg gedruckt wurde. ▼

84. Ein Mitglied der Stifterfamilie Schauninger hält eine Armillarsphäre, ein Modell der Planetenbahnen. Predella aus der Kirche von Neukirchen am Ostrong, NÖ. 1510 bis 1520. ▼

unzählige Zaubereien enthalten, nach denen die Beichtväter fragen sollten, dem Wesen der mittelalterlichen Magie keineswegs gerecht. Dementsprechend sind sie ein Zeugnis ihrer Vergeblichkeit, denn sonst hätten die Beichten nicht immer wieder um dieses Thema kreisen müssen.

Ziel der Magie ist ein besseres Verständnis der Welt. Der Übergang zu Medizin und Alchimie ist fließend. Welchen Weg diese Art Umweltforschung nahm, zeigt übrigens das Wort Alchimie: Ein griechisches Wort wurde von Arabern mit einem Artikel versehen. Bei aller Obskurität ist die Magie die Mutter der neuzeitlichen Naturwissenschaft.

Es heißt bei Johannes Kepler, die ASTRONOMIE wäre die Tochter der Astrologie. Mindestens ebenso wichtig wie die Fragen der Orientierung mit Hilfe der Gestirne und der Berechnung der Jahreszeiten war also der Versuch, aus den Gesetzen ihres Laufes Erkenntnis über Sinn und Schicksal der Welt zu ziehen.

Man muß sich vergegenwärtigen, wie schwierig die Planetenbahnen zu berechnen waren, wenn man sie in ein System preßte, in dem die Erde im Mittelpunkt stand. Die mathematische Leistung ist bewundernswert. Da man Philosophie, Theologie und Wissenschaft nicht trennte, stand die Lehre von der Erde als Mittelpunkt des Universums die längste Zeit außer Debatte; um sie geordnet die Sphären, die in ihrer Bewegung so harmonisch sind, daß man sie mit Musik vergleichen kann.

Mathematik und Musik sind die Schwestern der Astronomie. Wie der irdische Tanz nichts anderes ist als ein Ausdruck der Harmonie der Gesellschaft, ist die himmlische Bewegung ein Ausdruck des Gotteslobes selbst. Die Welt der Zahlen drückt die Verhältnisse der Wahrheiten zueinander aus. Daher bedeutet jede Zahl etwas, weil sie für ein Verhältnis zwischen Gott und der Natur steht. Die guten Zahlen sind alle Vielfache oder Summen, die von zwei und drei ausgehen. Den schlechten Zahlen fehlt häufig etwas zu einer guten Zahl (wie etwa der Elf), oder sie haben zuviel (so wie etwa die Dreizehn).

Was das WELTBILD selbst betrifft, setzte sich mehrheitlich das vom Augenschein bestätigte Bild der flachen Scheibe durch, obwohl seit der Antike durchaus die Erde als Kugel denkbar war, was auch manche mittelalterliche Denker annahmen. Riskant wurde es, wenn man Elemente des Scheibenbildes und des Kugelbildes mischte: Um die Scheibe lag der Ozean, an dessen Rand das ewige Feuer. Legte man diesen undurchdringlichen Gürtel nun um den Äquator, dann entstand plötzlich ein theologisches Problem: Was ist mit den Antipoden? Nicht nur, daß die Armen auf dem Kopf stehen; auf welche Weise haben sie teil am Erlösungswerk Christi, wenn niemand zu ihnen gelangen kann? An solchen Mißverständnissen scheiterte Galilei, und es spricht nicht für ihn, daß er zwar mehr wußte als seine Ankläger, sie aber nicht aufklären konnte: Kopernikus hatte nicht nur keine Schwierigkeiten mit der Kirche, er erstellte auch selbstverständlich Horoskope.

Grob vereinfachend könnte man sagen, Magie sei etwas für die Erde, Astronomie für den Himmel. Dementsprechend war Magie etwas für die Bauern und alles, was auch im ritterlichen Leben mit irdischen Wechselfällen zu tun hat — selbstverständlich Geburt und Tod —, Astronomie etwas für die feinen Leute und den Hof, umso mehr, als der Himmel von antiken Heroen (in den Sternbildern) bevölkert war. Es war, je rationaler das Weltbild des Mittelalters wurde, desto naheliegender, daß man in einem adeligen Haus einen Astrologen so regelmäßig konsultierte wie einen Beichtvater. Wenn man Glück hatte, war einer der Söhne sogar klug genug, so etwas zu studieren. Ansonsten war diese Wissenschaft meist die Domäne von Bürgerlichen, die oft aus kleinen Nestern kamen und mit Hilfe ihres Talentes aufsteigen konnten.

Der mittelalterliche Mensch gleicht einer Person, die zu viele Lehrmeister hat. Völker, die selber eine reiche mythische Tradition besaßen, sahen sich der Welt des Logos der Antike gegenübergestellt und sollten zudem die schwierige Offenbarungsreligion des Christentums begreifen. Die Menschen dieser Zeit rangen redlich mit dem, was auf sie einstürmte. Zu den eigenständigsten Schöpfungen, die sie hervorbrachten, gehört dieser zivilisierte Barbar, dieser singende Grobian, dieser Ritter.

86. Astronomie (Sternkunde), Astrologie (Sterndeutung), Magie, Religion und Medizin hatten große Berührungsflächen. Die Trennung der einzelnen Disziplinen wurde erst im Zeitalter der Aufklärung endgültig und vollständig vollzogen. Conrad Kyeser aus Eichstätt, Bellifortis: Der Mond als Reiter mit geschwungener Geißel. Die Umschrift im darüberliegenden Medaillon lautet: Mund, Hände und Magengegend, Milz, Rippen und Lunge sind des Krebses, und Alles was diesen an Krankheiten anhängt. Anfang 15. Jh. ▶

Wo man Ritter findet

„Der Adelige wächst in seiner Kindheit wild heran; nur der Mann im Kinde wird erzogen und mit geistiger Nahrung nicht überfüttert. Der junge Knappe muß sich am fremden Hof jahrelang bewähren, im Krieg, auf der Jagd und in der höfischen Bedienung des Herrn und der Gäste. Dann empfängt er das Schwert, sein Lehen und die Frau. Auf der Burg hat er viel freie Zeit; er füllt sie mit Jagd und Tanz und Spiel. Das Spiel ist nicht nur Zeitvertreib, sondern eine Lebensform, fast ein zweites Leben über dem wirklichen, eingefriedet durch Regeln und stilisierte Haltung. Selbst Mahlzeiten und Mode ordnen sich den Spielregeln ein, zwischen Reiz und Reserve die Mitte haltend. Damen und Gäste werden gesittet und gastfrei geehrt, doch der Geselligkeit tritt die Zurückhaltung zur Seite. Die Burg, Zentrum adeligen Lebens, ist Festung und Festraum zugleich, der Ort für die Geselligkeit einer Elite. Stolz zeigt sich der Adelige im Glanz seiner Rüstung und der bunten Wappenfarben, er verschmäht die Tarnung und alle Fernwaffen. Auch der Krieg ist ihm ein geregeltes Spiel der Elite, Nahkampf und Zweikampf, ohne Hinterhalt und ohne Massenheere. Das Turnier wendet den Krieg noch mehr ins Spielerische, gefährlich auch im Frieden, ein Spiel mit dem Leben. Der Alternde wird kaum mehr beachtet; zwanzig Jahre hohe Feier des Augenblicks, dann ist es vorbei." [Arno Borst]

Den ritterlichen LEBENSRAUM wird man sich am besten vorstellen können, wenn man versucht, das Leben so konkret wie möglich nachzuempfinden. Die wichtigsten Bereiche sind die Burg, das Dorf, die Stadt und der Hof.

Die Burg

Aber welche BURG? Auch hier gilt es wieder einmal, eingefahrene Geleise zu verlassen. Die meisten Burgen, die wir kennen, wurden seit dem Mittelalter vielfach verändert. Vielleicht hat sie ihr Besitzer im 14. Jahrhundert noch einmal mit allen Raffinessen der spätmittelalterlichen Technik umgebaut. Die alten Familien, soweit es sie noch gab, lebten damals längst in der Stadt bei Hofe. Burgen waren in den Händen von Aufsteigern, die schnell noch die ganze Ritterherrlichkeit nachzuholen hatten. Oft stammen drei Viertel des mittelalterlichen Baubestandes aus dieser Zeit.

Immerhin hoffte man da noch, die Burg uneinnehmbar machen zu können. Diese Hoffnung zerstörten die Kanonen. Dennoch wurden günstig gelegene Burgen im 16. Jahrhundert noch einmal umgebaut. Das ständische Selbstbewußtsein des größtenteils protestantisch gewordenen Adels brachte herrliche Renaissance-Elemente in die Architektur und räumte alles, was noch von alten Nutzelementen da war, aus. Man brauchte Platz für die Selbstinszenierung des Adels in Fest und Turnier. Gewohnt hat man auf den Gütern, in Schlössern oder in der Stadt.

Vielleicht kam dann im 17. oder 18. Jahrhundert noch einmal ein Adeliger auf die Idee, so eine Burg als romantischen Repräsentationsbau herzurichten. Solchen Ideen verdanken die Burgen oft die meisten heute noch stehenden Mauern, häßliche Ziegelwände von den Quartieren der vielen für eine barocke Hofhaltung notwendigen Menschen.

Im 19. Jahrhundert gerieten zahllose alte Adelsfamilien in wirtschaftliche Schwierigkeiten. Dafür begannen Zucker- und Kohlebarone ihr vaterländisches Gefühl zu entdecken. Sie bauten die Burgen nach den Vorstellungen der Romantik um, meist nach dem Prinzip, si non è vero, è ben trovato. Wenn sie kein geeignetes Objekt fanden, bauten sie ein Modell im Originalmaßstab, und die Möbeltischler verdienten schwer an der Herstellung „echt" mittelalterlicher Einrichtungsgegenstände samt den Wurmlöchern. Der Ruinen bemächtigten sich Jugendgruppen und Stadterhaltungsvereine, wobei diese manchmal, wenn man für die Silhouette ein paar dekorative Mauern brauchte, sie nach dem Entwurf eines Kulissenmalers aufführen ließen.

Es ist für den Laien wirklich nicht einfach, an einem großen Bauwerk die verschiedenen Entstehungsgeschichten voneinander abzugrenzen. Selbst Fachleute haben Schwierigkeiten, da verschiedene Mauern und Architekturteile immer wieder verwendet wurden. Es gibt einfach nur eine beschränkte Zahl von Techniken, eine Mauer aufzuführen; diese sind daher nicht immer zeittypisch.

▲ 88. Gaiselberg, Niederösterreich. Dieser „Hausberg" wurde im 12. Jh. errichtet, doch zumindest zweimal umgebaut, bevor er in der Mitte des 16. Jh.s aufgegeben wurde. Ein großer Teil der Aufbauten war aus Holz errichtet.

◂ 87. Die Vorläufer der mittelalterlichen „Ritterburgen" waren die Erdwerke mit Holzaufbau und Palisadenbewehrung. Ein gutes Beispiel entnehmen wir dem Teppich von Bayeux. Vor 1077.

Dem mittelalterlichen Kern kommt man am ehesten nahe, wenn man die Funktion des Baues untersucht. Dabei geht es nicht nur um die Funktion als Wehrbau; eine Burg ist vielmehr der repräsentative Ansitz eines Herren, seiner Familie und seines Gefolges, gleichzeitig aber auch sein Herrschaftszentrum.

Doch ist dies bereits eine hochmittelalterliche Höhenburg, die eine ganz spezifische Sonderform in der Burgenentwicklung darstellt.

Das Frühmittelalter bezeichnete den Herrenhof als *curtis* und meint damit ein Mittelding zwischen Hof und Dorf, da alle Nebengebäude und die Behausungen der Hörigen dazugehörten. Nahezu alles, was größer als eine *curtis* war und befestigt, hieß *civitas* oder *oppidum*, was wir heute meist mit Burg übersetzen. Die *curtis* eines Fürsten hieß *palatium*, Pfalz, selbst wenn es sich nur um Holzbauten handelte.

Unseren Vorstellungen von Burgen kamen am ehesten die spätantiken Befestigungsanlagen der Römer entlang des Limes nahe. Sie hießen auch *burgus*, eines der wenigen germanischen Lehnwörter im Lateinischen. Aus der Karolingerzeit mögen die Burgen der Grafen, welche im Auftrag des Königs das Land verwalteten, Recht sprachen und das Heer aufboten, als Vorläufer unserer Burgen in Frage kommen. Außerdem gab es in den Grenzgebieten Burgen, welche als Stützpunkte fränkischer Garnisonen dienten und fallweise, bei Gefahr, auch fränkische Siedler aufnahmen.

◂ 89. Burg mit Holzaufbauten. Babenberger-Stammbaum. 1489 bis 1492.

90. In der Renaissancezeit wurden viele Burgen zu Schlössern umgebaut. Man benötigte beispielsweise große Turnierhöfe für die prächtige Hofhaltung. Die Verteidigung war sekundär geworden. Rosenburg am Kamp, NÖ. ▸

Sie sicherten vor allem Straßen und waren eine Grundlage der fränkischen Herrschaft über andere Völker.

Wenn noch zur Agilolfinger-Zeit in Salzburg von einer „oberen Burg" die Rede ist, wird man an die Ansiedlung des Herzogs und seiner Leute, vermutlich am heutigen Festungsberg, zu denken haben. Wenn man die Archäologen befragt, so erzählen sie außerdem von einer Art von Burgstädten, befestigten Ansiedlungen auf Anhöhen, die eine größere Zahl von Leuten ständig bewohnte und die am Ende der Völkerwanderung an den verschiedensten Stellen Europas entstanden sein müssen.

Später, im 10. Jahrhundert, gründete König Heinrich I. „Burgen" als Abwehrmaßnahme gegen die Ungarn. Was das wohl gewesen sein mag? Sicher ist, daß man der Bevölkerung Schutz bieten wollte. Man wird wohl auch mit einer ständigen Garnison rechnen dürfen. Aus diesen Burgen sind viele Städte entstanden.

Zuletzt sei noch ein weiterer Typ genannt, der seit dem frühesten Mittelalter zu beobachten ist und, ohne daß wir es wissen, das Ortsbild in vielen Dörfern heute noch prägt. In Norddeutschland, in der Nähe von Bremerhaven, hat man ein Dorf auf der Feddersen Wierde ausgegraben, das von etwa 50 vor bis 450 nach Christi Geburt besiedelt war. Dort kann man deutlich beobachten, wie sich eine Dorfherrschaft ausbildet: Ein Hof sondert sich ab und wird größer. Er bekommt eine eigene Einfriedung. Die Ställe werden größer und enthalten mehr Pferde als die der übrigen Höfe. Man kann das leicht an der Zahl der gefundenen Hufeisen erkennen. An einem freien Platz dieses Herrenhofes stand offenbar auch die Dorfschmiede. Es wird wohl zu weit gehen, darin schon ein herrschaftliches Monopol zu sehen, aber der Weg dorthin ist beschritten. Im späteren Mittelalter bringt zum Beispiel die Herrschaftsmühle, in der der Bauer mahlen muß, einen wichtigen Teil der Einkünfte des Herren ein.

Die bevorrechtete Familie, die entweder selbst Dorfobrigkeit ist oder von einem größeren Herren eingesetzt wurde, kann auch auf einen nahen Hügel ziehen oder eine kleine Erhebung aufschütten lassen. Wall und Graben werden ausgehoben, ein Palisadenzaun umgibt die Häuser, die zunächst noch aus Holz sind. Dieser Burgtyp findet seine Nachfolger im ganzen Mittelalter bei den Wohnstätten kleiner Ritter und anderer Vertreter des Herren im Dorf. Man nennt ihn, je nach seiner Form HAUSBERG oder festes (das heißt steinernes) Haus oder Turmhof. Heute sind manchmal noch Teile davon in Bauernhöfen eingebaut. Viele Dorfkirchen stehen auf einem solchen Burghügel.

Die HÖHENBURG, die wir uns als Ritterburg vorstellen, ist anders geartet. Sie liegt hoch oben, hat Mauern, Türme und Zinnen. Sie ist in baulicher Gestalt ein Ausdruck des Selbstverständnisses ihres Besitzers. Natürlich wehrhaft, aber aus dieser Wehrhaftigkeit wird ein Anspruch, eine Idee, eine Kunstform. Um die Idee des adeligen Rittertums besser darstellen zu können und weniger, um besser geschützt zu sein, hat man die ursprüngliche Funktionseinheit Burg und Dorf getrennt und ist den Berg hinaufgegangen. Vieles wurde dadurch schwieriger: Wasser und Nahrung mußten hinaufgeschafft werden, der unmittelbare Schutz für das Dorf fiel weg. Die Herrschaft konnte auch nicht mehr unmittelbar ausgeübt werden, sondern man mußte einen Schulzen oder Amtmann einsetzen oder das Dorf einem kleineren Ritter übertragen.

Dafür besaß man eine Wohnstatt, die eines adeligen Kriegers würdig war. Das wichtigste daran war der Turm: Er ist am leichtesten zu verteidigen und gleichzeitig weithin als Herrschaftssymbol zu sehen. Auch in den Städten bauten die Patrizier Türme. Das adelige Stadthaus und die Burg haben vieles gemeinsam. Der Turm ist zunächst Wohnturm, und in kleineren Burgen bleibt er es auch.

Dann kommt das Wohngebäude. Wenn der Herr vom Turm herunterzieht, dann nicht nur aus Bequemlichkeit, sondern auch, weil er Platz zur Repräsentation braucht: Die Gefolgschaft ist größer geworden, das adelige Leben entfaltet sich in Spiel und Tanz. Zu den ältesten Bauteilen einer Burg gehört zumeist auch die Kapelle. Nur mehr zu wichtigen Festen geht der Herr in die Dorfkirche, deren Patron er ist. Er hält sich auch einen eigenen Kaplan, der daneben bei der Erziehung der Kinder eine wichtige Rolle spielt und vielleicht auch in der Kanzlei aushilft.

Was auf dem Burgberg noch an Platz bleibt, wird von Wirtschaftsgebäuden eingenommen, die sich meist an die Umfassungsmauer lehnen. Das Vieh und die Pferde mußten versorgt werden. Vorräte für einen großen Haushalt waren unterzubringen. Ein Schmied und ein Sattler brauchten Platz, ebenso die Waffenkammer. Am wenigsten war für Mannschaft und Gesinde vorgesehen.

Von der alten Funktion als Zentrum der Verwaltung der Herrschaft blieb der Burg vor allem die KANZLEI: Ein oder zwei Schreiber, auch Notare genannt, versuchten, einen Überblick über die geschuldeten Einkünfte zu gewinnen und führten Bücher darüber. Sie schrieben die Urkunden, die der Ritter für Schenkungen, Verkäufe oder Heiratsverträge auszustellen hatte. Aber auch andere Leute kamen zum Herren und baten, gegen entsprechende Gebühr, daß man ihren Handel beurkunde und der Herr sein Siegel an die Urkunde hänge. Dieses Siegel war so etwas wie Stempel, Umschrift und Scheckkarte in einem. Es zeigte meist das Wappen und eine Umschrift mit dem Namen des Siegelträgers. Bei seinem Tod sollte der Siegelstempel, mit dem das Bild in das Wachs gedrückt wurde, zerbrochen werden. Eine Katastrophe, wenn ein solcher Stempel verlorenging: Dann mußten Boten landauf und landab geschickt werden, die verkündeten, daß dieses Siegel nicht mehr gültig wäre.

Der ritterliche Herr war auch GERICHTSHERR. Nur die Todesstrafe war meist dem Fürsten vorbehalten. Gericht wurde fast immer unter freiem Himmel gehalten, auf einem Platz im Dorf bzw. auf dem Markt oder vor dem Tor der Burg. Der Herr oder sein Vertreter hatte den Vorsitz und verkündete das Urteil, das die Schöffen fanden. Ein Teil der Strafsumme ging in die Kasse des Herrn. Das viel zitierte Burgverlies wird wohl, wenn es nicht überhaupt ein Keller war, die meiste Zeit leergestanden sein. Von einem Gefangenen hat man nichts. Wer nicht zahlen konnte, wurde am Leib bestraft. Nur wenn man von den Verwandten eine Zahlung erpressen wollte, hielt man sich Gefangene: Das waren aber eher Standesgenossen des Herrn, für die es „ritterliche“ Haftbedingungen gab.

Auf vielen Darstellungen von Burgen sieht man nur den Turm und das Tor. Das Tor symbolisiert die Unversehrtheit der Burg. Wenn es wirklich einmal zu einer BELAGERUNG kam, mußte man sich auf eine lange Frist einlassen. Auch die kompliziertesten Belagerungsmaschinen zerstörten weniger als sie verhinderten, daß einer aus der Burg herauskam. Entscheidend war dann doch oft, welchen Rückhalt die streitenden Parteien auf dem flachen Land fanden.

Konnte man nicht auf Entsatz hoffen und war der Spielraum für Verhandlungen erschöpft, mußte man einen Ausfall versuchen, wie ihn zum Beispiel Oswald von Wolkenstein schildert:

„Nu huss!" sprach der Michel von Wolkenstain,
„so hetzen wir!" sprach Oswalt von Wolkenstain,
„za hürs!" sprach her Lienhart von Wolkenstain,
„si müessen alle fliehen von Greiffenstain geleich."
Do hueb sich ain gestöber auss der glüet
all nider in die köfel, das es alles plüet.
panzer und armbrost darzue die eisenhüet
die liessens uns zu letze. do wurd wir freudenreich.
Die handwerch und hütten und ander ir gezelt
das war zu ainer aschen in dem obern velt.
ich hör, wer übel leihe, das sei ain pöser gelt:
also well wir bezalen, herzog Fridereich.
Schallmützen, schallmeussen niemand schiet.
das geschach vorm Raubenstain in dem riet,
das mangem ward gezogen ain spannlange niet
von ainem pfeil, geflogen durch armberost gepiet.
Gepauren von Sant Jörgen, die ganz gemaine,
die heten uns gesworen valsch unraine.
do kamen guet gesellen von Raubenstaine:
„got grüess euch, nachgepauren, eur treu ist klaine."
Ain werffen und ain schiessen, ain gross gepreus
hueb sich an verdriessen. glöggel dich und seus!

nu rüer dich, guet hofeman, gewin oder fleus!
auch ward daselbs besenget vil dächer unde meus.
Die Botzner, der Ritten und die von Meran,
Häfning, der Melten, die zugen oben hran,
Särntner, Jenesier, die fraidige man,
die wolten uns vergärnen. do kamen wir dervon.

[„Nun huß!" sprach Michael von Wolkenstein.
„So hetzen wir!" sprach Oswald von Wolkenstein.
„Drauf!" sprach Leonhard von Wolkenstein.
„Sie müssen alle miteinander von Greifenstein fliehen."
Da begann ein Stürmen von Feuersglut
hinunter in die Felsen, daß alles leuchtete.
Panzer und Armbrust und auch ihre Eisenhüte
hinterließen sie uns, das hat uns wohl behagt.

Ihre Maschinen und Buden und ihr ganzes Lager
wurde zu Asche im oberen Feld.

Man sagt, wer übel ausleiht, kriegt schlecht zurückgezahlt.
So wollen wir bezahlen, Herzog Friedrich.

Niemand trennte das Scharmützeln und Scharmetzeln.

Vor dem Rafenstein im Ried geschah es,
daß manchem ein spannenlanger Nagel eingezogen wurde
von einem Pfeil, der von der Gewalt einer Armbrust geflogen kam.
Die Bauern von Sankt Georgen, die ganze Gemeinde,
die hatten uns falsch und meineidig geschworen.

◀ 91. Der spätmittelalterliche Burgenbau erforderte eine entwickelte Infrastruktur. Der Turmbau zu Babel. Rudolf von Ems, Weltchronik. 1340 bis 1350.

92. Burg. Ausschnitt aus den neuentdeckten Fresken in Wien I, Tuchlauben 19. Um 1400. ▶

Da kamen unsere Freunde von Rafenstein:
„Gott zum Gruß, ihr vom Nachbardorf, wo bleibt eure Treue?"
Ein Schleudern und Schießen, ein großer Radau
fing da nicht langweilig an. Tummel dich und schrei!
Jetzt reg dich, lieber Höfling, gewinn oder verlier!
Auch sind da viele Häuser verbrannt samt den Mäusen.
Da zogen die Bozener, die vom Ritten und die von Meran,
die von Hafling und Mölten von oben herbei,
und auch die Sarntaler und Jenesier, trutzige Leute:
die wollten uns einfangen. Da kamen wir davon.]

Weit häufiger aber wird wohl die Burg friedliche GÄSTE gesehen haben: Standesgenossen des Herren und Leute zur Unterhaltung. Jeder Ritter, der auf sich hielt, hatte seinen Narren — eine wichtige Funktion für eine Gesellschaft ohne Fernsehen. Aber es kamen immer wieder fahrende Leute vorbei, Spielleute oder Jongleure und Gaukler. Sie gestalteten die Feste mit, waren eine wichtige Nachrichtenbörse und hatten auch die Aufgabe, den Ruhm des Gastgebers weiterzuverbreiten:

E sil donars o·l penres li es menz,
Non es ges cortz, mas ajostz d'avols gentz.

„Und wenn Geben und Empfangen dort zu kurz kommen, ist das kein Hof, sondern ein Haufen schlechter Leute." So sang schon ein Trobador; jede dieser Burgen sollte ja eine Hofhaltung im kleinen darstellen.

Die Repräsentationsräume in der Burg waren prächtig ausgestaltet. Wandmalereien zeigten ritterliche Szenen oder Sagenwesen. Bis zur halben Höhe waren die Wände — jedenfalls im Winter — mit Stoffen verhängt. Tapisserien, Bildteppiche oder Ledertapeten konnte man sich wohl nur an den allervornehmsten Höfen leisten.

Wenn es nicht so laut herging, gab es Brett- und Kartenspiele zum Zeitvertreib. Man weiß,

daß Schach ein altes Spiel ist und spätestens seit den Kreuzzügen bei uns bekannt. Aber auch Tric-Trac- oder Backgammon-Bretter sieht man auf mittelalterlichen Darstellungen. Allen Spielen ist gemeinsam, daß sie nicht nur dem Zeitvertreib dienten, sondern in ihrem Spielverlauf ein Abbild der Gesellschaft nachzubilden versuchten. Das gilt auch für die Kartenspiele.

Der Kirche waren alle diese Spiele suspekt. Nicht nur das Element des Glücksspiels war den Moralisten zuwider, auch die Furcht, daß mit den Spielen Zauber getrieben würde. Reine Glücksspiele, wie etwa das Würfeln, galten zwar als unfein, aber viele Ritter scheinen ihnen regelrecht verfallen gewesen zu sein.

◀ 93. Schachspiel der Königin mit dem Markgrafen. Wolfram von Eschenbach, Willehalm. Vor 1320.

94. Wie in vielen modernen Haushalten war der offene Kamin oft optisches Zentrum des Raumes. Tacuinum sanitatis. Ende 14. Jh. ▶

Dorf und Markt

Für die Dörfer war es nicht unbedingt von Nachteil, daß der Herr nicht mehr an ihrem Rande wohnte. Umso ungestörter konnten sich genossenschaftliche Strukturen der Selbstverwaltung entwickeln, die selbst Herrschaftsgrenzen übersprangen. Denn je weiter das Mittelalter fortschritt, desto komplizierter wurde das Netz von Verpflichtungen, in dem der einzelne lebte. Da konnten einander benachbarte Bauern verschiedene Herren haben und außerdem ihren Hof zu ganz unterschiedlichen Leiheformen besitzen, was verschiedene Abhängigkeitsverhältnisse zur Folge hatte.

◀ 95. Musizierende Frauen. Ausschnitt aus: Meister der Veitslegende, Der heilige Veit entsagt den Freuden der Welt. Um 1480.

96. Musizieren und Tanzen. Unter diesem Titel findet sich diese Abbildung im Tacuinum sanitatis (um 1365), das Genußmittel und auch Tätigkeiten nach Vor- und Nachteil für die menschliche Gesundheit untersucht. So meint das Werk, Musizieren und Tanzen könnten auch schädlich sein, denn „es verursacht Abscheu, wenn man vom Zusammenklingen der Noten abweicht". Um 1365. ▸

Wichtige Orientierungshilfen waren Kirchenherrschaft, Marktrecht und Gerichtshoheit.

Die KIRCHENHERRSCHAFT hatte dafür zu sorgen, daß die geistlichen Stellen besetzt waren und daß die Pfarre mit dem auskam, was ihr an Einkünften zustand: Das war ein Teil des Zehents und Einkünfte aus Gütern, die im Pfarrbesitz waren. Allerdings kam es, vor allem in der Umgebung der Städte und Höfe, immer wieder zu Unzukömmlichkeiten. Manche Pfarren waren nichts anderes als Versorgungsstellen für Hofgeistliche der Fürsten, so wie manche Bistümer ausschließlich mit Verwaltungspersonal des Königs besetzt wurden. Die eigentlichen geistlichen Dienste versah dann ein Vikar (Stellvertreter), der eher ärmlich bezahlt wurde und manchmal sogar versuchen mußte, sich durch Unterricht oder ähnliches Nebeneinnahmen zu sichern. Zu den Rechten des Patrons zählte auch das eines hervorragenden Begräbnisplatzes, wenn er nicht seine Burgkirche mit Pfarrechten ausgestattet hatte oder in einem Kloster Begräbnisrechte besaß.

Das MARKTRECHT wurde im Spätmittelalter genau geregelt, zunächst aber umfaßte es vor allem Schutz und Förderung: Der Herr stellte einen bestimmten Platz zur Verfügung, an

◂ 97. Höfischer Tanz. Ausschnitt aus den neuentdeckten Fresken in Wien I, Tuchlauben 19. Um 1400.

dem er an festgesetzten Markttagen Schutz und Frieden garantierte. Dafür verlangte er meist ein Vorkaufsrecht an den feilgebotenen Waren und bestimmte Gebühren. Im Grunde beanspruchten die Landesfürsten ein Monopol auf das sogenannte Marktregal, aber sie gaben es an Adelige weiter. Diese gründeten gezielt solche Märkte und versuchten, durch

98. Innenraum im gehobenen Milieu. Meister des Marienlebens, Geburt Mariä. 15. Jh. ▼

Straßenverlegung und die Schaffung einer gewerblichen Infrastruktur dem Ort zur Blüte zu verhelfen.

Dazu gehörte allerdings auch, daß man den Bewohnern dieser Orte gewisse Freiheiten verbriefte, welche die Selbstverwaltung und Teile der Gerichtsbarkeit betrafen. Da konnte es schon sein, daß die Bürger zu selbstbewußt wurden und der Stadtherrschaft entglitten, besonders dann, wenn sie vom Fürsten, der den Adel kleinhalten wollte, unterstützt wur-

▲ 99. Bauern, die ihr Land selbst rodeten, ihr Dorf „von wilder worczeln" anlegten, konnten vom Grundherrn besondere Vergünstigungen erhalten. Auf dieser Abbildung des Sachsenspiegels roden die Männer die „wilden Wurzeln", während der Grundherr die Urkunde über die Verleihung des Erbzinsrechts übergibt. Eike von Repgow, Sachsenspiegel. Um 1330.

100. Der schwere Sohlpflug fand im Spätmittelalter weite Verbreitung. Er mußte mit einem Pferdegespann gezogen werden. Sammelhandschrift. Süddeutsch (?), 1475. Wien, ÖNB, Cod. 3085, fol. 2r.
▼

101. Bauern beim Dreschen. Tacuinum sanitatis. Um 1365. ▶

◂ 102. Die Monatsbilder der Fresken im Adlerturm von Trient, Südtirol, halten die bäuerliche Umwelt des Ritters fest. April.

103. Die Rosenburg, Niederösterreich, in der Mitte des 17. Jh.s. Georg Matthäus Vischer, Topographia Austriae Inferioris, 1672. ▸

den. Lange Zeit gab es in den Märkten und in den Städten zwei Ebenen der Verwaltung nebeneinander: die Eigenverwaltung der Bürger und die der Beamten des Stadtherrn.

Erst im späten Mittelalter ergaben die GERICHTE ein annähernd geschlossenes Netz von Zuständigkeitsbezirken. Das Recht war, wie alle wesentlichen Lebensäußerungen des Mittelalters, nicht auf Institutionen, sondern auf Personen bezogen. Man ging zu dem, von dem man hoffte, daß er das Recht auch durchsetzen konnte.

Ein bedeutender Mann hatte aber nicht nur eine Burg, sondern viele, und gebot über zahlreiche Dörfer und Märkte, die oft weit auseinander lagen. Dafür geeignete Organisationsformen zu finden, war nicht leicht. Praktisch gelang es weltlichen Adeligen höchst selten. Nur kirchliche Institutionen konnten ihren Besitz lange Zeit zusammenhalten, weil

sie über viel mehr gebildetes Personal verfügten.

Für die Menschen entstand dadurch eine zwiespältige Situation: Einerseits öffnete die Ferne des Ritters einen gewissen Freiraum, andererseits ergab sich daraus aber auch Rechtsunsicherheit. Im Zweifel zog man die Sicherheit der Kirchenherrschaft vor.

Die Dichtungen aus adeligen Kreisen versuchen immer wieder, die Unterschiede zwischen Rittern, Bauern und Bürgern hervorzukehren. Wir haben daher auch nur ein unvollständiges und verzerrtes Bild von der ländlichen Kultur. Es gab Zeiten, wo sich ein reicher Bauer und ein armer Ritter nur dadurch unterschieden, daß der Bauer keine so hohen Repräsentationskosten hatte.

Das Kloster

Zum Lebensraum des Ritters gehört auch „sein" Kloster. Fassen wir zusammen, was schon erwähnt wurde: Im Kloster wird für den Ritter und seine Familie gebetet. Gehört er zu den „Gründern", das heißt, haben er bzw. seine Familie Wesentliches zur Existenz des Klosters beigetragen, wird man ihm in der

Kirche oder im Kreuzgang ein Begräbnisrecht zugestehen.

Das Kloster nimmt Kinder auf, die man dem geistlichen Stand widmen will, sei es, weil man Einfluß auf die Besetzung bestimmter Ämter hat, sei es, weil man eine Erbteilung vermeiden will. Das Kloster kann eine regelrechte Schule einrichten, es kann auch Mönche auswärts zur Ausbildung zur Verfügung stellen. Wie denn überhaupt die Tatsache, daß man jemanden um Rat fragen kann, nicht zu unterschätzen ist.

Die Mönche wissen nicht nur in religiösen Belangen und ihren Randgebieten Bescheid. Manche von ihnen haben einen starken Segen, der gegen vielerlei Ungemach hilft. Sie haben aber auch einen Kräutergarten und gewisse Grundkenntnisse in der Medizin. Sie haben auf ihren eigenen Gütern große Erfahrungen in der Landwirtschaft gesammelt. Manche Orden, zum Beispiel die Zisterzienser, haben ein weitmaschiges Informationsnetz, das zudem oft unabhängig von der jeweiligen politischen Strömung ist.

Da Klostervermögen weit eher beisammen bleibt als das der Ritter, wurde durch einen

105. Burg Kammerstein, Steiermark, 1512. Ausschnitt aus dem Kleinen Mariazeller Wunderaltar. Mariazell (?), 1512. ▶

◀ 104. Die Fälligkeitstermine für Abgaben hat der Meister des Sachsenspiegels in Form eines Bauernkalenders dargestellt. Beispielsweise waren am St.-Bartholomäus-Tag (24. August) „allerlei Zins und Pflege" fällig. Der Heilige trägt die Haut, die ihm der Legende nach bei lebendigem Leib abgezogen wurde, auf einer Stange. Eike von Repgow, Sachsenspiegel. Um 1330.

Griff in die Klosterkasse schon manches adelige Haus vor dem Konkurs gerettet — theoretisch gab es eine Wiederentfremdung natürlich nicht. Noch eine Funktion erfüllt das Kloster: Es ist der ideale Alterssitz. Ob man nun das Leben hindurch genug gestiftet hatte, um freiwillig aufgenommen zu werden, ob man sich als so kirchenfromm erwies, daß die Zuwendung zum klösterlichen Leben glaubhaft auf religiöse Gründe zurückging und nicht erfolgte, weil man mit dem Leben nicht mehr zurecht kam, oder ob man sich direkt und mit Brief und Siegel das Recht auf einen Alterssitz erkaufte: Es war gut, in der Nähe heiliger Damen oder Herren dem Tod entgegenzusehen. Denn das ritterliche Leben war nicht duldsam gegenüber dem ALTER. Es war eine Welt, in der Jugend und Schönheit als Tugend galten. Nur wenige Rollen sind in der Dichtung mit Alten besetzt: Der König kann alt sein, sein engster Berater, der Erzieher der Prinzen — aber noch fit genug, um sie in der Waffentechnik zu unterrichten. Alte, wirklich alte Frauen waren offenbar so selten, daß man sich von vornherein vor ihnen fürchtete: Mußte man nicht mit dem Teufel im Bunde sein, um das Leben so lange heil zu überstehen?

Am schlimmsten traf die Furcht vor dem Alter wohl den Gefolgsmann, der auf seinen ritterlichen Beruf angewiesen war, oder den Sänger, der überhaupt am Rande der adeligen Gesellschaft stand. Bitter beklagt sich Walther von der Vogelweide über den Neid der Großen, bis er endlich singen kann *ich hân mîn lehen*.

Owê wie uns mit süezen dingen ist vergeben!
ich sehe die gallen mitten in dem honege sweben:
diu Welt ist ûzen schoene, wîz grüen unde rôt,
und innân swarzer varwe, vinster sam der tôt.
swen si nû habe verleitet, der schouwe sînen trôst:
er wirt mit swacher buoze grôzer sünde erlôst.
Dar an gedenket, ritter: ez ist iuwer dinc.
ir tragent die liehten helme und manegen herten rinc,
dar zuo die vesten schilte und diu gewîhten swert.
wolte got, wan waere ich der sigenünfte wert!
sô wolte ich nôtic armman verdienen rîchen solt.
joch meine ich niht die huoben noch der hêrren golt:
ich wolte saelden krône êweclîchen tragen:
die mohte ein soldenaere mit sîme sper bejagen.
möht ich die lieben reise gevaren über sê,
sô wolte ich denne singen wol und niemer mêr ouwê,
niemer mêr ouwê.

[Wehe, man hat uns mit Süßigkeiten vergiftet! Ich sehe die Galle mitten im Honig schwimmen. Die Welt ist außen schön, weiß, grün und rot, und innen schwarz, finster wie der Tod. Aber wen sie etwa verführt hat, der schaue, was ihm Hoffnung und Hilfe gibt: durch leichte Buße wird er von schwerer Sünde befreit. Das bedenkt, ihr Ritter: es geht euch an! Ihr tragt die strahlenden Helme und manchen harten Panzer, dazu die festen Schilde und die geweihten Schwerter. Wollte Gott, auch ich wäre dieses Triumphes würdig! Dann könnte ich, arm an geistlichem und irdischem Gut, mir reichen Sold verdienen. Damit meine ich wahrlich nicht die Güter oder das Gold der Fürsten: ich möchte der Seligkeit Krone ewiglich tragen; die konnte einst jener Söldner (Longinus bei Christus) mit seiner Lanze erlangen. Könnte ich die vollkommene Kriegsfahrt übers Meer tun, so würde ich dann das Heil! singen und niemals mehr: Wehe! Niemals mehr: Wehe. 124, 35 ff.]

Es war schon gut, am Jüngsten Tag unter all den heiligen Menschen aufzustehen. Es war schon gut, in der Vergeblichkeit des Daseins am Ende Menschen zu treffen, die eine ganz andere Kriegsfahrt hinter sich hatten: Denn als *milites*, als Ritter, verstanden sich auch die Mönche. Nur daß sie einen ganz anderen, viel radikaleren Kampf kämpften. Sie waren *milites Christi* und kämpften für die Aufhebung der Welt, die ihnen in einem dauernden Advent zu sein schien bis zur Wiederkehr Christi. Ihre Minne galt Maria, der Königin des Himmels, ihr König war Christus, und sie hofften, wie der alte Ritter auch, einst am Hof des großen Kaisers, des fernen Gottes, in der Halle des Himmels einen Platz zu finden — empfangen

> *von ir husgenozen mit froweden grozen,*
> *mit micheleme lobe in den uberisten hove,*
> *da er selbe da ist der vil heiliger Crist*
> *keiser aller kuninge herre aller tuginde.*

[von der ganzen hochgestimmten Mannschaft, mit hohen Ehren, am vornehmsten aller Höfe, wo er selbst ist, der heilige Christ, Kaiser aller Könige, Herr aller guten Eigenschaften. Armer Hartmann 180, übersetzt nach Thum.]

Die Stadt

Die Stadt ist im Mittelalter nicht einfach das Gegenteil von Land. Wenn eine mittelalterliche Institution so heißt wie eine ähnliche in der Gegenwart, darf man dennoch nicht so ohne weiteres auf die Gleichartigkeit schließen.

In Frankreich heißt der Bewohner einer Stadt *citoyen,* das kommt vom römischen *civitas,* Stadt. Im deutschen Sprachbereich heißt er Bürger. Das deutet schon an, daß man in Westeuropa, bis zum Rhein etwa, mit einer gewissen Kontinuität in der Stadtkultur rechnen

106. Im Spätmittelalter erlebten die Städte einen enormen Aufschwung. Vergoldeter Pokal. Deutschland, Ende 15. Jh. ▶

muß, während östlich und südöstlich davon die Städte aus oft kleinsten Kristallisationskernen gewachsen sind. Wenn auch dort häufig römische Siedlungsvorläufer anzutreffen sind, dann hat das häufig funktionale Gründe: Die Römer haben sich für ihre Lager im Grenzraum die besten Gegenden ausgesucht, die auch später ideale Plätze für Zentralorte waren.

Die Stadt, das ist zunächst die Stadt des Bischofs, des Königs, des Fürsten, des großen Adeligen: des STADTHERRN. Dieser hat seinen Hof in der Stadt, und an diesem Hof leben häufig Adelige. Wer unter den Rittern auf sich hält, hat ein ständiges Haus in der Stadt. Auch die Klöster haben ihre Häuser in der Stadt, von wo aus sie Handel betreiben und wo ihre Novizen wohnen, wenn sie auf eine Schule gehen oder die Universität besuchen.

In der Stadt wohnen Händler, Handwerker und Leute. Gewisse Händler, vor allem die, welche überregionale Märkte versorgen, und manche Handwerker, die Produkte für den gehobenen Bedarf herstellen, erhalten vom Stadtherrn besondere Privilegien. Diese Privilegien begrenzen die Zahl, um die Konkurrenz

◀ 107. Die Stadt Wien. Babenberger-Stammbaum. 1489 bis 1492.

108. Geschäft. Tacuinum sanitatis. Um 1365. ▶

zu verhindern, garantieren ein Monopol gegenüber Auswärtigen und bestimmen Mitglieder und Funktionsweise der Selbstverwaltungsgremien. Alle anderen Menschen in der Stadt sind nur Inwohner, eben bloß Leute. Es heißt zwar, daß die Stadtluft frei macht: Wer Jahr und Tag in der Stadt lebte, ohne daß sein Herr ihn zurückforderte, war frei. Aber Freiheit war im Mittelalter ein zweischneidiges Schwert. Niemand war dann da, der sich um einen kümmern mußte. Diese Freiheit war nur für den von Nutzen, der etwas gelernt hatte, etwas, das sich auf dem Markt in Geld umsetzen ließ. Das war es auch, was den Landadel schmerzte: Die Spezialisten gingen weg, und ihnen blieb eine negative Auslese. Wer aber als unqualifizierte Arbeitskraft in die Stadt kam, war schlechter dran denn je. Er fand nur unregelmäßig Arbeit, die Unterkünfte waren in einem schrecklichen Zustand. Mit sehr viel Glück konnte man in den Haushalt eines Bürgers aufgenommen werden, unter den Dienstleuten. Damit hatte man gerade wieder das erreicht, wovon man vielleicht auf dem Lande davongelaufen war.

BÜRGER sind nur die Mitglieder der privilegierten Oberschicht. Neben diesen Bürgern leben in und um die Stadt die Familien, aus denen die Funktionsträger der Stadtherren kamen. War ein Fürst häufig in der Stadt, muß man als Mitbewohner mit einer Adelsgruppe rechnen, welche die Funktionen an seinem Hof ausübte. Die Übergänge zwischen den Elementen der städtischen Oberschichte sind fließend. Sie haben gute Verbindungen zum Adel des umliegenden Landes, der ja selbst oft Häuser in der Stadt besitzt: Er besorgt seine Geschäfte bei Hofe, nimmt an Festen und Versammlungen teil, versucht die Überschüsse seiner Güter auf den Markt zu bringen und kauft Luxusgüter. Für seine modischen Bedürfnisse und für seine Ausrüstung sind hochspezialisierte Handwerker tätig. Wenn in der Stadt eine Schule ist, kann es sein, daß auch seine Söhne, untergebracht bei Verwandten, dort lernen.

Die EMANZIPATION DER STÄDTE vom feudalen System setzt, je nach wirtschaftlicher und sozialer Entwicklung, in Europa zu ganz verschiedenen Zeiten ein. Mehrere Phasen sind unterscheidbar. Zunächst muß eine städtische Mittelschicht neben dem Patriziat Selbstbewußtsein und Organisationsform finden. Oft kommt es zu Konflikten zwischen dem Patriziat und dieser Mittelschicht, bis eine Art erste Stadtverfassung das Nebeneinander von adeligen und genossenschaftlichen Strukturen ermöglicht. Erst dann wird die Stadt selbständiger Faktor im politischen Kalkül der Könige und Fürsten. Plötzlich ergibt sich ein grundsätzlicher Interessensgegensatz zwischen dem ritterlichen Adel und der Stadt: Die Stadt lockt talentierte Leute an; sie verschafft sich gegen bares Geld Privilegien, um Zölle und Mauten zu umgehen; sie stellt Handwerksware konkurrenzlos billig her, diktiert aber auch den Marktpreis von landwirtschaftlichen Produkten usw.

Diese Bedingungen gelten keineswegs immer und überall: Jede Stadt hat ihre politische und soziale Individualität. Sie ist ein Produkt der Kräfte, unter deren Einfluß sie stand. Das Rittertum gehört viel stärker dazu, als man heute glauben würde. Es war an der Gründung beteiligt, war Teil der ersten Oberschicht und immer wieder Vorbild des bürgerlichen Aufsteigers. In Kleidung, Bauart der Häuser und Einrichtung der Repräsentationsräume eiferte man ihm nach. Immer wieder haben Adel und Geld geheiratet. Trotz aller wirtschaftlichen und politischen Bedeutung der Städte blieb der ritterliche Adel bis in die Neuzeit herauf Leitbild.

109. Glasindustrie. Die Reisen des Sir John Mandeville. Frühes 15. Jh. ▶

111. Neue Technologien in der Metallgewinnung und -verarbeitung bildeten die Voraussetzungen für die Herausbildung der mittelalterlichen „Industrie“ und förderten andererseits einen höheren Grad der Arbeitsteilung. Wie in einem Zahnradgetriebe kam durch das Zusammenspiel der verschiedenen Faktoren ein Prozeß in Gang, der die moderne Industriegesellschaft hervorbrachte. Schmied, Esse mit Blasbälgen. Speculum humanae salvationis. Wohl 1324. ▸

◂ 110. Bettler: Oben: Josua nimmt die Stadt Hai ein. Unten: Die Gibeoniten kleiden sich in Lumpen und bitten Josua um Frieden. Maciejowski-Bibel. Um 1250. New York, Piepont Morgan Library, ms. 638, fol. 10^v.

Der Hof

Immer wieder war vom Hof als dem Idealbild der mittelalterlichen Gesellschaft die Rede. WO IST DER HOF? Er ist dort, wo sich der König oder der Fürst aufhält: Im frühen Mittelalter reist der Herrscher viel, um sich überall blicken zu lassen und Recht zu sprechen. Er hält sich auf in Pfalzen, Klöstern und Städten. Einige davon gewinnen eine besondere Bedeutung: In Aachen baute Karl der Große seine Kaiserstadt nach dem Vorbild von Byzanz, Mainz und Köln spielten bei Wahl und Krönung eine Rolle. Aber selbst im Heerlager beim Kriegszug entwickelte sich um das Zelt des Königs oder des Fürsten höfisches Getriebe, erst recht bei der Jagd.

WER IST AM HOF? Der Hof ist der Ort der Herrschaft und der Darstellung dieser Herrschaft. Alle, die an der Herrschaft Anteil haben wollen, müssen am Hof präsent sein. Die Familie des Herrschers steht im Zentrum. Um sie schart sich die Gefolgschaft. Allerdings werden die Männer für die Beherrschung des Reiches an den verschiedensten Stellen gebraucht und können nur zu bestimmten Jahreszeiten bei Hofe erscheinen. Anderen kann man nicht verübeln, daß sie lieber auf ihren endlich errungenen Gütern saßen, als bei Hof die Zeit zu vertun, solange es nicht nötig war. Für die Reichsverwaltung brauchte man Fachpersonal, das man nicht unbedingt unter den Rittern suchen mußte. Nur wenn „alle" da waren, wurde der Hof zum Fest.

Im Laufe des hohen Mittelalters wurden einige Fürsten so reich und so mächtig, daß man glaubte, nur an diesen Höfen das Glück zu finden. Mit der Ablöse der Natural- durch die Geldwirtschaft war der Adel andererseits nicht mehr so an seine Güter gebunden. Der

Fürst selbst hatte seine Reisetätigkeit auf wenige Stationen eingeschränkt. Mit Hilfe eines schriftkundigen, ursprünglich geistlichen Beamtenstabes konnte ein Reich auch zentral regiert werden. Hauptstädte entwickelten sich, und die Adeligen sahen zu, daß sie in den Städten Häuser erwarben und um sie herum Besitz, damit sie das höfische Theater leichter mitmachen konnten.

Der Hof war nicht die Welt, aber er repräsentierte sie. Die Minne, das höfische Benehmen, das Kampfspiel und die Intrige waren nicht bloßer Zeitvertreib reicher Adeliger, sondern der Versuch, mit zunächst recht einfachen Mitteln die Umwelt zu gestalten und seinen Platz in ihr zu finden.

Das begann mit TISCHSITTEN. Kein Edelmann sollte mit einem anderen gemeinsam einen Löffel benützen. Man rülpst nicht und schneuzt nicht in das Tischtuch, man wischt sich den Mund ab, ehe man trinkt, damit das Fett nicht in den Becher rinnt, einen abgenagten Knochen legt man nicht in die Schüssel zurück usw. — Solche Mahnungen hat man noch im 13. Jahrhundert in einer Tischregel dem Dichter Tannhäuser in den Mund gelegt.

Ganz vornehm nach unserem Geschmack klingt auch Walthers von der Vogelweide Schilderung des Thüringer Hofes nicht:

◄ 112. In der Renaissancezeit wird der Ritter militärisch bedeutungslos, doch bewahrt die Oberschicht die Ideologie und verleiht ihr romantische, ja geradezu manieristische Züge. Dies mag eine der Figuren vom Grabmal Maximilians I. („Der letzte Ritter") illustrieren. König Ferdinand von Portugal. Guß 1510, Details 1516. Innsbruck, Hofkirche.

Der in den ôren siech von ungesühte sî,
daz ist mîn rât, der lâz den hof ze Dürengen frî:
wan kumet er dar, dêswâr er wirt ertoeret.
ich hân gedrungen unz ich niht mê dringen mac.
ein schar vert ûz, diu ander in, naht unde tac.
grôz wunder ist daz iemen dâ gehoeret.
der lantgrâve ist sô gemuot
daz er mit stolzen helden sîne habe vertuot,
der iegeslîcher wol ein kenpfe waere.
mir ist sîn hôhiu fuore kunt:
und gulte ein fuoder guotes wînes tûsent pfunt,
dâ stüende ouch niemer ritters becher laere.

[Wer's an den Ohren hat und leidet, dem rate ich, den Hof zu Thüringen zu meiden. Denn kommt er dahin, wird er wirklich taub gemacht. Ich habe das Gedränge mitgemacht, bis ich nicht mehr konnte. Eine Schar fährt hinaus, die andere hinein, Tag und Nacht. Ein großes Wunder, daß noch jemand da hört. Der Landgraf ist drauf und dran, mit seinen stolzen Helden seine Habe

▲ 113. Gießfaß. Nürnberg, um 1450.

114. Doppelkopf aus Maserholz. Oberrheinisch (?), um 1500. ▶

▲ 115. Aquamanile. Lothringen, 2. Hälfte 12. Jh.

116. Die Verwendung eines Aquamanile. Ausschnitt aus: Christus vor Pilatus. Steirisch (?), 1503. ▸

durchzubringen, von denen jeglicher gern ein Klopffechter wäre. Ich kenne seinen großartigen Lebensstil: Käme ein Fuder guten Weines auf tausend Pfund, so stände auch dann des Ritters Becher nie leer.

Walther 20, 4—15.]

Der Hof Leopolds V. von Österreich und auch noch die Jahre seines Sohnes Friedrich waren Walther in besserer Erinnerung: Man scheint das Geld aus England, das die Gefangennahme Richard Löwenherz' einbrachte, nicht nur zur Sanierung der Münze und zum Ausbau von Wien und Wiener Neustadt genützt, sondern auch mit seiner Hilfe die beste Propaganda betrieben zu haben.

Ohne Propaganda ist Herrschaft undenkbar, und das höfische Leben war das Propagandamittel schlechthin. Der Glanz und der Ruhm wurden nicht nur weit verbreitet, sie wirkten sich auch nach innen zur Festigung des Wir-Bewußtseins der Ritter eines Fürsten aus. Viel von dem Ruhm Kaiser Friedrichs I. Barbarossa, der als der Ritterkaiser schlechthin gilt, geht zurück auf die großartigen HOFTAGE zu Mainz 1184 und 1188. Der eine wurde als *curia celebris et famosa omni Romano orbi,* Hoftag, dem ganzen Römischen Weltkreis berühmt und be-

kannt, gerühmt, der andere, auf dem der Kreuzzug angesagt werden sollte, als *curia Christi* einberufen.

„Der Hoftag 1184 begann am Pfingstsonntag mit der Festkrönung des Kaisers, der Kaiserin und ihres Sohnes, König Heinrichs VI.: der traditionellen feierlichen Repräsentation des Herrschertums. Der Festkrönung folgte, wie üblich, das Festmahl, bei dem Herzöge und Markgrafen die Hofämter versahen. War dieser Auftakt noch traditionell, so hoben die ungewöhnlich große Zahl der Teilnehmer, die nicht nur aus dem deutschen Reichsgebiet, sondern auch aus Burgund, Frankreich, Italien, Illyrien und sogar aus Spanien und England kamen, der allgemein bestaunte, von kirchlichen Schriftstellern auch kritisierte Aufwand an Pracht, das riesige Angebot an Speis und Trank und die Mitwirkung von Dichtern und Spielleuten das Fest von vornherein aus dem üblichen Rahmen heraus.

In seinem Mittelpunkt stand die Schwertleite der beiden Kaisersöhne, des Königs Heinrich und des Herzogs Friedrich, die am Pfingstmontag nach der Frühmesse vorgenommen wurde und die dem Fest nun auch in seinem weiteren Ablauf ein ritterliches Gepräge gab. So erwiesen die beiden novi milites *sofort ihre ritterliche Freigebigkeit in reichen Geschenken, die sie verteilten, und der Kaiser, die Fürsten und Großen schlossen sich ihnen an, indem sie Ritter und Spielleute, Kreuzfahrer und Gefangene mit Rossen und Kleidern und Gold und Silber beschenkten, und dies, wie besonders hervorgehoben wird, zur Ehre des Kaisers und seiner Söhne wie zum Ruhm ihres eigenen Namens.*

Darauf begann ein großes, glanzvolles Kampfspiel, an dem nach Giesebrecht mehr als 20 000 Ritter teilnahmen, unter ihnen der Kaiser mit seinen Söhnen und die Großen des Reichs. Sie setzten das Waffenspiel auch noch am nächsten Tage fort, bis dann am Nachmittag ein Unwetter hereinbrach, das die aus Holz errichtete Kapelle und mehrere Zelte zum Einsturz brachte. Vielleicht war dieses Unglück der Grund, weshalb noch ein Turnier, das bei der Pfalz Ingelheim vorgesehen war, auf den Rat der Fürsten abgesagt wurde. Statt dessen behandelte man am

117. König Balthasar. Südliche Niederlande, um 1470. ▼

letzten Tag, wie wohl zuvor schon neben den Festlichkeiten, noch die politischen Geschäfte des Reichs, darunter ein so wichtiges wie die Zusammenfassung der Reichslehen des Grafen Balduin von Hennegau zu einer Markgrafschaft und seine Erhebung zum Reichsfürsten.

So war die curia celebris *von 1184 eine Verbindung von Hoftag und Hoffest, von Politik und Repräsentation, von Macht und höfischem Glanz — und in alledem: ein Ausdruck der Verbindung von Kaisertum und Rittertum. Wie die Dichter Guiot de Provins und Heinrich von Veldeke als Wortführer der ritterlichen Welt bezeugen, haben die Ritter selbst in dieser Verbindung die Erfüllung eines hohen Ideals und in dem Hoffest einen Höhepunkt ihrer Zeit gesehen. Guiot verkündete, daß das Mainzer Fest den idealen Festen des großen Alexander und des Königs Artus entsprach."* [Nach Fleckenstein, 394 f.]

Der Hoftag von 1188 sollte die *militia Christi* für den Weg ins Heilige Land versammeln. Damit war alles, was das mittelalterliche Rittertum ausmachte, angesprochen. Die Nachwirkungen waren ungeheuer, obwohl für Barbarossa die Fahrt im Saleph endete, wo er er-

◀ 118. Minnekästchen. Die so bezeichneten Kassetten trugen häufig reichen figuralen Schmuck, dessen Motive aus den höfischen Epen und Mythen genommen waren. In diesem Fall trägt das Kästchen Jagdszenen mit wilden Männern. Ober- oder mittelrheinisch, um 1460 bis 1470.

trank. Aber Generationen hatten ein Bild vor Augen, das im großen darstellte, was Walther in seinem berühmtesten Lied auf einfache Weise ausdrückt (8, 1—17):

Ich saz ûf eime steine,
und dahte bein mit beine:
dar ûf satzt ich den ellenbogen:
ich hete in mîne hant gesmogen
daz kinne und ein mîn wange.
dô dâhte ich mir vil ange,
wie man zer welte solte leben:
deheinen rât kond ich geben,
wie man driu dinc erwurbe,
der keines niht verdurbe.
diu zwei sint êre und varnde guot,
daz dicke ein ander schaden tuot:
daz dritte ist gotes hulde,
der zweier übergulde.

[Ich saß auf einem Stein
und legte Bein auf Bein,
darauf stützt' ich den Ellenbogen.
In meine Hand hatte ich geschmiegt
das Kinn und meine Wange.
Da dachte ich viel nach,
wie man auf Erden leben müßte.
Keinen Rat konnte ich geben,
wie man drei Dinge erwürbe,
ohne eines davon zu verlieren.
Die zwei sind Ehre und Besitz,
die oft einander schaden,
das dritte ist die Gnade Gottes,
von höherem Wert als die beiden.]

Um diese Frage, wie man Ehre, Besitz und Gnade Gottes vereinen könnte, ging es letztlich allen Rittern — aber wohl nicht nur ihnen.

◂ 119. Reiteraquamanile. Dieses wertvolle Tischgerät diente zum Händewaschen. Es hat die Form eines berittenen Jägers, der in der Hand einen Falken trug. Deutschland, 1. Hälfte 13. Jh.

Abbildungsverzeichnis

78. „Der wilde Mann". Köln (?), Ende 14. Jh. Köln, Schnütgen-Museum, INR. A 47.
79. Motiv des Einhorns. Reiner Musterbuch. Anfang 13. Jh. Wien, ÖNB, Cod. Vind. 507, fol. 3r.
80. „Natternzungenkredenz" vom Hof Kaiser Friedrichs III. Mitte 15. Jh. Wien, KHM — Slg. für Plastik und Kunstgewerbe, INR. 89.
81. „Püsterich". Oberitalien (?), 12. Jh. [Wie 80.] INR. 5702.
82. Das Astrolabium des Blakene (Rückseite). England, 1342. London, British Museum, INR. 1853, 11—14, 1.
83. Sonnenwagen. [Wie 16.] Fol. 29v.
84. Armillasphäre. Predella aus der Kirche von Neukirchen am Ostrong, NÖ, 1510 bis 1520.
85. Abbildung von der Kugelgestalt der Erde. Aus einem Werk von Johannes de Sacro Bosco (ca. 1210—1256), Libellus de Sphaera. Wien, Bibliothek der Universitätssternwarte, Hw. 146.
86. Conrad Kyeser aus Eichstätt, Bellifortis: Der Mond als Reiter mit geschwungener Geißel. Anfang 15. Jh. Göttingen, Universitätsbibliothek, Ms. philos. 64, fol. 10v.
87. Erdwerk mit Holzaufbau und Palisadenbewehrung. [Wie 38.]
88. Gaiselberg, Niederösterreich. „Hausberg". 12. bis 16. Jh. Freigegeben vom BM f. Landesverteidigung, Zl. 27144-2/71.
89. Burg mit Holzaufbauten. Babenberger-Stammbaum. 1489 bis 1492. Stift Klosterneuburg.
90. Rosenburg am Kamp, NÖ. Freigegeben vom Bundesministerium für Landesverteidigung, Zl. 13086/016-1. 6./81.
91. Der Turmbau zu Babel. Rudolf von Ems, Weltchronik. 1340 bis 1350. Zürich, Zentralbibliothek, Rh. 15, fol. 6v.
92. Burg. Ausschnitt aus den neuentdeckten Fresken in Wien I, Tuchlauben 19. Um 1400.
93. Schachspiel der Königin mit dem Markgrafen. [Wie 5.] Fol. 21r.
94. Der offene Kamin als optisches Zentrum des Raumes. Tacuinum sanitatis. Ende 14. Jh. Wien, ÖNB, Cod. ser. nova 2644, fol. 100v.
95. Musizierende Frauen. Ausschnitt aus: Meister der Veitslegende, Der hl. Veit entsagt den Freuden der Welt. Um 1480. Wien, Österreichische Galerie, INR. 4951.
96. Musizieren und Tanzen. [Wie 94.] Fol. 104r.
97. Höfischer Tanz. Ausschnitt aus den neuentdeckten Fresken in Wien I, Tuchlauben 19. Um 1400.
98. Innenraum im gehobenen Milieu. Meister des Marienlebens, Geburt Mariae. 15. Jh. München, Alte Pinakothek.
99. Bauern, die ihr Land selbst roden. [Wie 4.] Fol. 26v (Ldr. III 79 § 1).
100. Schwerer Sohlpflug. Sammelhandschrift. Süddeutsch (?), 1475. Wien, ÖNB, Cod. 3085, fol. 2r.
101. Bauern beim Dreschen. [Wie 94.] Fol. 44r.
102. Monatsbild April im Adlerturm von Trient, Südtirol.
103. Die Rosenburg, Niederösterreich, in der Mitte des 17. Jahrhunderts. Georg Matthäus Vischer, Topographia Austriae Inferioris, 1672.
104. Fälligkeitstermin für Abgaben. [Wie 4.] Fol. 9r (Ldr. II 58 § 2 Satz 1—5).
105. Burg Kammerstein, Steiermark, Mariazell (?), 1512. [Wie 7.] INR. 386—389.
106. Vergoldeter Pokal. Deutschland, Ende 15. Jh. London, Victoria and Albert Museum, INR. 245 — 1874.
107. Die Stadt Wien. Babenberger-Stammbaum. 1489 bis 1492. Stift Klosterneuburg.
108. Geschäft. [Wie 94.] Fol. 53v.
109. Glasindustrie. Frühes 15. Jh. London, British Museum, Add. Ms. 24 189.
110. Josua nimmt die Stadt Hai ein. Maciejowski-Bibel. Um 1250. New York, Piepont Morgan Library, ms. 638, fol. 10v.
111. Schmied, Esse mit Blasbälgen. [Wie 60.] Fol. 28v.
112. König Ferdinand von Portugal, vom Grabmal Maximilians I. Guß, 1510, Details 1516. Innsbruck, Hofkirche.
113. Gießfaß. Nürnberg, um 1450. Tiroler Landesmuseum Ferdinandeum, INR. B 537.
114. Doppelkopf aus Maserholz. Oberrheinisch (?), um 1500. [Wie 80.] INR. 9054.
115. Aquamanile. Lothringen, 2. Hälfte 12. Jh. [Wie 80.] INR. 83.
116. Die Verwendung eines Aquamanile. Ausschnitt aus: Christus vor Pilatus. Steirisch (?), 1503. Graz, Diözesanmuseum.
117. König Balthasar. Südliche Niederlande, um 1470. Aachen, Suermondt-Ludwig-Museum.
118. Minnekästchen: Jagdszenen mit wilden Männern. Ober- oder Mittelrheinisch, um 1460 bis 1470. [Wie 80.] INR. 118.
119. Reiteraquamanile. Deutschland, 1. Hälfte 13. Jh. New York, The Cloisters.

Abbildungsnachweis

Bayerische Staatsgemäldesammlung, München: 98
Berghaus-Verlag, Kirchdorf/Inn: 25
British Library, London: 82
F. Bruckmann KG, München: 50
K. Brunner, Wien: 2
Burgerbibliothek, Bern: 18
F. Daim, Wien: 6, 45, 51, 100
Department of the Environment, London: 71, 73
Droemersche Verlagsanstalt, München; aus: „Blüte des Mittelalters": 106
Foto Fürböck, Graz: 7
P. Hemann, Basel: 8
Historisches Museum Schloß Lenzburg: 41
Historisches Museum der Stadt Wien: 66, 70
Institut für mittelalterliche Realienkunde der Österreichischen Akademie der Wissenschaften, Krems: 3, 12, 13, 16, 30, 47, 48, 59, 61, 62, 76, 77, 83, 84, 89, 95, 102, 103, 105, 107, 116, 117
Kunsthistorisches Museum, Wien: 1, 22, 23, 31, 32, 33, 34, 35, 39, 58, 72, 74, 80, 81, 114, 115, 118
Luftbildkompanie Langenlebarn: 88, 90
Metropolitan Museum of Art, New York: 119
Museum Carolino Augusteum, Salzburg: 19
Musée Cluny, Paris: 20
Musée de Louvre, Paris: 40
Museen der Stadt Köln: 14, 56, 78
Österreichische Nationalbibliothek, Wien: 9, 15, 24, 26, 36, 75, 112
Pierpont Morgan Library, New York: 110
Statens Historiska Museum, Stockholm: 43, 44
Tarcsay Csaba, Wien: 46, 52, 57, 65, 67, 68, 69, 85, 92, 97
Tiroler Landesmuseum Ferdinandeum, Innsbruck: 27, 37, 113
Universitätsbibliothek Heidelberg: 4, 10, 11, 17, 49, 55, 99, 104
Zentralbibliothek Zürich; aus: „R. v. Enns, Weltchronik, fol. 6 v.": 91
Zodiaque, St. Léger Vauban: 38, 87
Mit freundlicher Genehmigung der Akademischen Druck- und Verlagsanstalt Graz wurden entnommen aus der Reihe „Codices selecti", Bd. VI: 94, 96, 101, 108; Bd. XIII: 63; Bd. XIV: 21, 64; Bd. XVI: 29; Bd. XXXII: 60, 111; Bd. XLVI: 5, 53, 54, 93; Bd. LIII: 28; Bd. LXIV: 79
Phaidon Press Ltd., Oxford; aus: „Evans, Life in Medieval France": 109
VDI-Verlag, Düsseldorf; aus: „Kyeser aus Eichstätt, Billifortis": 86

Literaturhinweise

Eine reiche und geordnete Literaturauswahl bietet Arno Borst, *Das Rittertum im Mittelalter.* Wege der Forschung 349 (1976). Jüngste germanistische Literatur findet sich bei Bernd Thum, *Aufbruch und Verweigerung.* Literatur und Geschichte am Oberrhein im Hohen Mittelalter (1980).

Interessierten Laien sei noch empfohlen: Arno Borst, *Lebensformen im Mittelalter* (Quellensammlung). Zur Welt des Spätmittelalters siehe Dieter Kühn, *Ich Wolkenstein* (1977), mit einer Wolkenstein-Platte. Hochinteressant auch Aaron J. Gurjewitsch, *Das Weltbild des Mittelalters* (1980). Über die europäische verfassungsgeschichtliche Forschung siehe nach wie vor die beiden Klassiker von Otto Brunner, *Land und Herrschaft* (1965) und *Adeliges Landleben und europäischer Geist* (1949).

hic pugnat